# प्रतीक्षा में

सुरेंद्र कुमार श्रीवास्तव

श्री विक्रमजीत शाक्य मेरे सहपाठी जिन्होंने अपनी सुन्दर हस्तलिपि से मेरी सभी पत्रिका को स्वरुप प्रदान किया

एवं

श्री अनुराग त्रिपाठी मेरे सहकर्मी है जो भुआलपुर सीखड़ मिर्ज़ापुर के निवासी है जो मेरे सतत प्रेरणा स्रोत है

तथा

श्री चिन्मय कुमार नायक, करचुली, गंजाम, ओडिशा जिनके प्रयास से पुस्तक को आकर मिलता है

# क्रम-सूची

# क्रम-सूची

# क्रम-सूची

# प्रस्तावना

इस पुस्तक में लगता है जब आप पढ़ते है तो आपके ही अनुभवों को उद्घृत किया गया है।

यह जीवन के कितने पहलुओ को दर्शाता है, यह आश्चर्यचकित कर देता है।

शब्द साधारण से लगते है, लेकिन अर्थ बहुत गहरा होता है और आपके जीवन को प्रभावित कर देता है ।

कभी लगता है की आप किसी जल मग्न नदी के तीर पर बैठे है कभी लगता है की आप गहरे नीर में बैठे है।

एक जगह पर आकर जब आप के चरित्र को यह प्रदर्शित करता है और आपको जो अनुभूति मिलती है वह आपके के लिए एक अतुलनीय उपहार समझ कर स्वीकार कर लेना चाहिए , मुझे जो यह अवसर मिला इसके लिए जो प्रेरणा ईश्वर ने दिया है मैं उसके लिए ईश्वर का धन्यवाद् करता हु और आपको ( श्री सुरेंद्र कुमार श्रीवास्तव ) भगवान ऐसी ही प्रेरणा दे जिससे आपके लेखन से समाज का कल्याण हो ।

मैं ईश्वर से प्रार्थना करता हु को वो आपके ऊपर हमेशा कृपा दृष्टि बनाया रखे और आपका कल्याण करें , ऐसी मनोकामना के साथ

मैं आपने शब्दों विराम देता हु |
अनुराग त्रिपाठी, 9799314234
गांव:- भुआलपुर, सीखड़, मिर्ज़ापुर (यु .पी.)

# भूमिका

कभी स्वतः और कभी किसीकी वाणी से जो जन्मा, वही उतर आया है इन पंक्तियों में

कभी खिलखिलाहट और कभी शब्दोंने हठ भी है किया

कभी माँ की ममता की झलक है दिख जाती और कभी अपनापन आ, है अपने को बिखरा पाता

कहीं हठ है और कभी मान लेने की आतुरता है दिखती

संवेदनाएं इन्हे ऐसे ही ग्रहण है करती

At times it hits me & sometimes I hear these words in certain dialogues with people . The below words are the answers we are all are looking for :- Often in Sound of laughter . . at times words forced me . At times glimpse of motherly love . . At times affinity . . At times i feel like m scattered . . At times m stubborn . . At times I feel like surrendering & at times I want to be accepted at any cost

TRANSLATED BY : ELDEST DAUGHTER NEHA SHRIVASTAV

# पावती (स्वीकृति)

आवरण अभिकल्पना एबं रंग समायोजन
नेहा श्रीवास्तव, अबीर श्रीवास्तव, सिद्दार्थ श्रीवास्तव एबं चिन्मय कुमार नायक

# 1. स्वयं से एक वार्ता

21-04-2022 सोररेल कर्णावती( अहमदाबाद)

उसे कैसे भूलूं जो मुझे देती है प्रसन्नता .

किसी और को चाहे हो या ना हो मुझे तो इसका है पता.

कभी केवल था मुस्कुराता.

आज जब भी अकेले में होता , जोर-जोर से हूं तो हंसता.

अब भी जब स्मृति के पृष्ठ खोल हूं बैठता.

मैं कहां कुछ पढ़ता , वही स्वयं ही है बोल पड़ता?

ढेर सा सुगंध तब आ है फैलती.

मेरी नहीं यह तेरी है, वह कहती.

योग्य योग्य कहां कुछ है होता ?

यह है ,उसे कोई जैसे है देखता.

स्नेह की डोर मेरी है बंधी.

सांसो को करूं नियंत्रित, ऐसी कोई विधि मेरे से नहीं है सधी

.

लेकिन कुछ खो रहा है ,वह है दुख.

अब मेरा है रिक्त ही रिक्त या आ भर रहा है सुख .

कुछ उसे है भूल बैठे और कुछ मुझे है भूल बैठे.

शेष कहीं और है लगता है रूठे ही रूठे

अवसर है ,क्या मुझे उसे ला कुछ नहीं है देना

विचारता रहा ,लगा नहीं यह होगा उचित-

- मुझे उससे कुछ भी कहना.

देखा अपने को और औरों को भी इसी में फंसा.

और मैं प्रयत्नशील भी नहीं हुआ कि खोलू यह रस्सा.

गांठें और गई उलझ.
और मुझे विश्वास भी नहीं है ,यह कभी पाएंगी सुलझ.
कभी औरों की नहीं सोची वे है कैसे?
और कभी अपने भीतर भी तो नहीं झांका हम हैं ऐसे?
दर्पण तो स्वयं को है भी दिखाता .
पारदर्शी हो , वह तो क्या कुछ और नहीं है कहता?
एक फैलाव ही है मिलता.
दूर तक का, सत्य ही है वह है बोलता.
लेकिन एक दीवार भी तो है खड़ी रहती.
चाहे सुने ना आप, वह तो ,है सीमा यह तो है कहती.
क्या लगता है, हम वहां भी नहीं ?
दृष्टि जहां जमी, क्या नहीं वहां कहीं?
रख रहा इसमें से ला ला कुछ नहीं, अपनी स्मृति में.
और यह भी नहीं लगता हम हैं इसी प्रकृति में.
एक ही साथ यह सत्य भी और असत्य भी .
दृष्टि गोचर जो हो रहा है वह सत्य, लेकिन भौतिक संसार
में यह सत्य कहां कभी भी.
यह तो है सत्य, दिन रहा उग.
यही दौड़ जीवन का ,हम भी रहे हैं दौड़ और साथ ही दौड़
रहा है जग.
कभी-कभी यह लगता मैं उस सेना मे .है जिसका नहीं कोई
सेनापति.
कभी-कभी तो लगता है मेरे पास है दलदल वाली गति.
जो चाहता हूं जाऊं भूल, उपस्थित हो जाती है मेरे समक्ष.
फसा यही हूं तब तक, पता नहीं कि किसे पुकारो करें मेरी
रक्षा, ना फसु ले एक सा कक्ष

# 2. पुस्तक

20-04-2022 कर्णावती (अहमदाबाद)

मैंने बरसों में लिखी एक पुस्तक.

फिर पता ही नहीं क्यों गया मैं रुक?

फिर उसके कुछ पृष्ठ ही जब फाड़ पाया .

जगी फिर पढ़ने की ललक , उन्हीं को फिर मैं ढूंढता अपने को दौड़ाया .

अब अधूरा सा बिखरा लगा बचपन.

कुछ ऐसा ही हो रहा था साथ मेरे यौवन

लिखी थी मैंने, फिर इन्होंने उसे कैसे पढ़ा?

चिंदी चिंदी करने के पहले ,कुछ काल तो था उसपर चढ़ा.

वह सब सत्य था, चाहे लिखी थी मैंने एक कहानी.

अब जब यह हो रहा क्या यह कोई अनहोनी?

मैं विचारता अब भी भी हूं रहता.

कैसे उन शब्दों को रहा था वहां मैं जड़ता या बसाता?

कुछ कभी जो घटा था, वही गया था लिख.

मेरी स्मृति ने पता नहीं, कैसे उन्हें उसने अपने में लिया था रख?

कथा का पात्र मैंने किसे था बनाया?

पता नहीं पुस्तक ने कैसे , मुझे वहां रख था अपनाया?

उन पलो में , जब यह जा रहा था लिखा, उसने कितनी नाटकीयता था पाया?

तभी तो इन्होंने निराशा की डोर से कभी नहीं अपने को बंधवाया.

कुछ विशेषण जो कभी औरों को थे दिए.

अर्थ उनका होता व्यर्थ ,यदि कहीं मेरे पर आएं.

यह उनका था अपना अपनापन .

तब ऐसे में छूटता कैसे मेरा दामन?

कितना था जोड़ा, जो कभी देखा ही नहीं?

ना देख पाया उसे घटता यही.

कल्पनाएं कुछ मैंने अपने पर भी रोपी .

कितना कुछ और उधर भी मैंने थोपी?

पता नहीं, वे कभी उनकी हुई कि नहीं?

लेकिन अपनी पर वे जमी कभी भी और कहीं?

वह लौट आए उनसे जिनके लिए मैंने उन्हें था सोचा.

कई और रूपों में, वे आ बसें मेरे पास, लेकिन नहीं था उन्होंने अपने को मुझे बेचा.

पहले कितना मैं प्रसन्न था इससे?

अब रहता हूं उनके इस डर से.

जीवन के कुछ पृष्ठ ही तो मैंने किए थे कम.

डरता रहता हूं, उन्हीं किन्ही पृष्ठ से कहीं मेरी स्वांश न जाए थम?

मैं ही नहीं , डरे होते हैं मेरे सपने.

पता ही नहीं ,कब किसी की दृष्टि जाए बदल जब हम उनकी ओर लगते हैं देखने?

रूठने ने भी कितने पृष्ठ थे भरे

लेकिन वे मनाने वाले , मिले नहीं अब तक, क्या वे भी भी रहते हैं डरे डरे ?

बार-बार उठता है यह विचार, उस पर लिख दूं किसी और का नाम.

उभरता ही नहीं वह, पूछता कहो उससे है क्या काम?

तभी मैं वह रहा लिख जो चाहिए मुझे -
-अपनी आने वाली पुस्तक में.
सावधानी रख रहा ,पुस्तक का कोई भी पृष्ठ ना फटे किसी
भी उठापटक में.

# 3. स्वयं मे

14-10-2021 नैनीताल

कहा अवश्य है स्नेह अपार ,

तबसे रहा हूं ढूंढ कहां है वह संसार?

कह के वे तो गए अपनी राह निकल.

उसी राह पर मैं , हो रहा पल-पल विकल.

आज चाहे ,अब भगवान सूर्य ,यहां गए हैं ढल.

कुछ भी नहीं बिछड़ा है मुझ से ,आशा में तो है मेरे कल करता कल कल.

हवा का वह झोंका, ढूंढ रहा मैं, कहां गया है ठहर?

बसा उसमें सुगंध , क्या वहीं कहीं गया है डर?

अब स्मृति में कहां, कौन कौन मुझसे मिलने आया?

मिला, तभी तो एक और सपना कहीं राह में छोड़ भी पाया.

कल को कब नहीं कहा बस आते जाते ही मत रहना.

विश्राम भी करो कभी ,और उन्हीं क्षणों में मुझसे मिल भी लेना.

शब्द क्या कभी पूर्ण प्रेषित कर पाते हैं कोई भी ज्ञान?

शंकित हूं तभी तो, क्या उसने मेरी प्रार्थना को देना है सम्मान लिया है ठान

अपने पास ठहरे, पर्वतों से भी कब नहीं पूछा?

उन्होंने दिया मान, धीरे से ही कहा सोचा है आपने कुछ अच्छा.

जीने दो ले लो ,जो चाहिए तुम्हें अब.

मैंने वहां कहा नहीं कुछ शब्दों को रख, अब आऊ कब?

नभ की ओर भी मैंने अपनी आशा फैलाई.

कुछ पड़ी सुनाई

उसने कहा तुम्हारी ओर कब मैंने नहीं अपनी झोली है खोली?

प्रसन्न हो गया सुन नव की वह बोली

चलते-चलते जब कभी रुका.

राह ने पूछा क्या हम में से कोई है थका?

ना ना कह, होता रहा चलना.

सबको तो, ही था मिलना.

प्रश्नों को भूले, यहां कहां करना था खड़ा?

संभव क्या होगा ,गति मे वह यहां रहेगा पड़ा?

कौन सा पल इसका कहने कभी कुछ आएगा?

भाषा रहती है बदलती क्या उन पलों में वही वह कह पाएगा?

मौन तभी मैं रहता हूं चलता.

और भावों को उपजाता ,मैं उन राहों पर अपने को पाता.

क्या वह रहा नहीं ढूंढ, जो उनका कोई ले गया है लूट?

कर लो उनकी पहचान ,वह भी यही रहा है उपज जो उनका तब गया था यहां छूट?

कुछ उनका अभी भी वैसे ही है रखा, और कुछ है बिखर गया टूट- टूट.

सत्य तो यह भी है, इससे बना हुआ है उनका संबंध अटूट.

सुन देख, प्रश्न रहे मुझ में उछलते.

और हम स्वयं में, और स्वयं भी रहे भटकते.

अपेक्षा विहीन हो जब जब भी मैंने देखा.

सब कुछ प्रचुर में ही मिला वहां रखा.

अब रहा मैं स्वयं ही ग्रहण करता.

पहुंचाने को अपनी झोली में ,किसका किसका नहीं रहा
भरता?
रहा मैं जी, और धीरे-धीरे जिसका उसको रहा दिला.
देख रहा वह कहां नहीं अब है खिला औ खुला.

# 4. हे मेरी पीढ़ी अब तो ले संज्ञान

15-10-2021 नैनीताल

तुम्हें है पता तभी अपने अंतर्विरोध को छुपाते, कुछ और लाते हो.

तुम्हारे में कहां है वेद पुराण की छाया, फिर भी गांठ जोड़ने में ही लगे पाये जाते हो.

अपने हर असत्य को करो बंद.

मिटाओ अपने भीतर का हर द्वंद

अब भी हो तुम भीड़ सा कुछ.

तुम्हें वह सत्य है पता, फिर भी क्या रहे हो पूछ?

है कब नहीं तुम्हारे साथ बर्बरता की कथा

भोगी थी तुमने, मानो वह सत्य, अन्यथा कभी नहीं छोड़ेगी तुम्हारी पीछा यह व्यथा.

समूह तुम्हारा अब अभी क्यों दिखता मरुस्थल में ही चलता?

तब भी था युद्ध ,और वही अभी भी दिख रहा यहां क्यों पसरता ?

जल का दर्शन कभी कभी.

पेड़ पौधों और टोलो की की संगत भी मिली तभी तभी.

छांव जिन्हें ही जब मिली नहीं.

देने की कुछ उन्होंने सीखी कहां कहीं?

जंगल के भी वे जीव.

शिकार भूख तक .शेष रहते सजीव.

और यहां हर रोह अवरुद्ध .

करो स्वीकार, तो है कर, अन्यथा वीरगति लो,अपना युद्ध.

कोई भी स्थिति, राह का प्रत्येक गया लूटा.

जो उनका बना, उनके लाभ की राह में वह भी नहीं छूटा.

रामकृष्ण की यह भूमि, तथागत की भी यही, वे रहे भिन्न
ही भिन्न .

अपना त्याग, उस भूमि के अब भी बने हुए हैं अभिन्न.

धोखा ही है यह, इस धरा की पवित्र नदियों से उन्होंने अपने
को कहने को ही है बस जोड़ा.

क्या अपनाया उन्होंने इस संस्कृति को भी अंश मात्र, धरोहरों
और यहां की संस्कृति के स्तंभों को केवल ही है तोड़ा.

हमारा क्या उन्होंने अपनाया?

कुछ भी नहीं ,बस चिल्ला चिल्ला सदा ही सताया.

गीत संगीत हमारे , उसमें उन्होंने

अपने को लिया बसा.

हम भी भोले, प्रश्न उगाया ही नहीं, उन्होंने अपने भावों को
हमारे जीवन में ऐसे दिया फंसा.

हम अब भी वही रह गए है खो.

इतने बंटे हम, कह नहीं पा रहे तुम अपनी यहां मत रखो.

कर्म हमारा सदा से ही रहा है प्रधान.

श्रेणियों में वे कर रहे हैं अब भी विभक्त, और हम- -जैसे
तब थे अब भी वैसे ही रह रहे हैं असावधान.

हमारा हुआ संहार ही संहार.

अब भी हम कहां कर पा रहे प्रतिहार?

हमने क्यों किया इतिहास को अनदेखा?

उनका कितना दोष जिन्होंने कुछ और लिखा?

सुरसा है उनका मुख अभी भी यहां है फैला.

कर अपना सत्य अनदेखा, क्यों हम बैठे जा रहे, मिला हमें

क्यों उनका ही थैला ?
डाल रहे हम यह बीज, अपने सत्य का कभी तो उगेगा पौधा
और विकसित होगा अपना उद्यान?
हे मेरी पीढ़ी, तू ले अब तो इसका संज्ञान?

# 5. एक युद्ध अनवरत

16-10-2021. नैनीताल.

जब भी अपने को उनके समीप पाया.

हर पल मुझ में, एक दर्द ही उगता है आया.

कौन सा ऐसा पल वहां था, जो नहीं था रुठा.

हर पल मिला वह मेरे समीप ही बैठा.

तब कैसे मेरे भीतर, पूछो, कोई गीत क्यों नहीं उपजा?

उठता वहां से कैसे, पकड़ने क्या वे देते ऐसी कोई ध्वजा?

मेरे लिए यही सीख रही उतरती.

शांति रहेगी, अब तक मेरी वाणी से कुछ भी उच्चरित नहीं होती.

यह भी है सत्य, मौन ही रखता नहीं मैं चला आया.

कुछ द्वारों को खोल भी रखता वहां अपने को पाया .

चाहे सरगम के से स्वर नहीं रहे उभरते.

मैंने उन्हें रखा, कभी मध्यम ,अभी तीव्र ,वे रहे जगते.

मिलता रहे वहां सदा नृत्य बसा.

कई आकृतियों को वहां मैंने तब दिया फंसा.

नयनो ने जुड़ जुड़ दिया वहां कहां कोई भाव?

वैसे मेरे भीतर उपजा नहीं कोई भी ऐसा अभाव.

जो वहां था, चाहा उसे घूमर कहे.

ठिठक वहां ,ऐसे क्यों रहे?

रहा मैं वहां अपने को सवारता.

लगा कुछ घुंघट सा रखता, मिल रहा मैं क्या वहां सौंदर्य बिखेरता?

चाहा रहे मेरा वहां कुछ कुछ छूटता.

तभी तो उन्हें मिलेगा उनका चक्रव्यू सा टूटता.

उनके असत्य को कोई लेगा सत्य मान ,क्यों ऐसा होता है रहता उन्हें भान?

क्या यह नहीं होगा मेरे द्वारा सत्य का किया गया अपमान?

वैसे नदी मान ,क्या मैंने नहीं बहाई थी नावे?

तब भी उपजा था रोष , अब भी स्मृति में वे आवे.

कुछ चित्र अब भी रहते हैं उभरते.

मेरे अंतः मे रहते हैं कुछ ना कुछ लिखते.

कब मैंने इन्हें नहीं स्वयं में पढ़ा?

स्वर दे, पता नहीं क्या बचाने, उस राह नहीं चढ़ा?

जब तब सुनानी थी नहीं सुनाई.

अपनी भागीदारी तब कहां मैंने निभाई ?

वह विष तो रहेगा ही उसमें भरा.

मेरे लिए नहीं उसका उपयोग वे रहते हैं अब तक उभर.

वह उसकी रही होगी प्यास, कई स्थानों तक वह गई.

और बना ऐसा स्वभाव ,उसने अब तक रखा है उसे अपने में अपनाई.

उसके लिए वही कलरव ,आनंद है देता.

और और यह समूह से ही है उपजता.

कितनों का है यह युद्ध?

कर कहां दूसरा कभी पाया इसे अवरुद्ध?

यह क्या हार की कोई कहानी?

कुछ ने ही तोड़ा इसे, दिया छोड़ , शेष ने सोचा ही नहीं यह किसी को है कभी बतानी?

# 6. उनका सत्य उन्होंने सदा ही स्वीकारा

17-10-2021 नैनीताल.

कह नहीं सकता, उन्होंने मुझे था रोका या बढ़ाया.

शिखर पर तो मैं ही था अपने को पाया .

पता नहीं उनके पास कितनी थी कथाएं?

मैं जानता था इनमें उन्होंने भर रखी हैं अपनी ही व्यथाएं.

राह में जब भी कहीं रुके.

उन्होंने कहा वे नहीं हैं थके,

ऐसी उन्होंने पकड़ रखी थी अपनी परछाई.

कथा में जो भी है, वह किसी और ने है लिखी ऐसी उन्होंने हर बार सुनाई.

पड़े आवश्यकता तो खिसकना भी होगा उनका कर्म.

किसने उन्हें इस राह पर है रखा पता ही नहीं चला वह किसका था धर्म?

उस चढ़ाई पर उनकी ऐसी ही रही गति.

कुछ ऐसी ही सुनाने की, कब नहीं रही है उनकी मति?

शिखर की ओर जिनका हो रहा था प्रस्थान.

एक दृष्टि डालने भर की , वे दे रहे थे सम्मान.

उन्हें छोड़, शेष सभी हैं दोषी, यह सदा ही उन्होंने उभारा.

एक यही सत्य उनका, उन्होंने सदा ही स्वीकारा.

दोनों ही ओर, पकड़ने वालों की थी बाहे.

पकड़ा अवश्य ,और वे इसमें केवल गए ढाहे.

ऐसा अर्ध्य- सा ,यह कुछ कहते उनका होता रहा उनके प्रति

• 14 •

गाना.

दिख रहा ,भीतर ही भीतर यह उनके लिए अमृता सा है माना.

सहमे से लोग, कहीं आरंभ ना हो जाए उनका देना श्राप?

अन्यथा वे जल उठेंगे पा यह ताप.

ऋतुए हैं बदलती.

लेकिन देखी मैंने उनकी दिनचर्या सदा एक सी ही है रहती.

अलाव में कभी-कभी डालना पड़ता है न, जलावन.

उनकी वह तपोभूमि, इन उच्चारणो से वे करते रहते उसे पावन.

उन्हें यह रहता डर, क्या पता में हूं ज्ञानी?

वार्ता यहां रहती चलती, कोई तो ले अगले अवतार मे भी कुछ पहचानी.

पता नहीं किस अकेलेपन का यह डर?

छोड़ क्यों नहीं आए क्यों उपजता है सदा जुड़ने का ऐसा उनका स्वर?

दो बांहैं जिनको इन्होंने अपनी है मानी.

क्या कोई सहायता उससे नहीं है आनी?

नहीं यह प्रश्न, यह केवल है एक सत्य.

कहीं यह कर ,क्या नहीं ले कर रहे उसे असत्य?

क्या वही एक नहीं है कुछ-कुछ सा पगला?

ना कहें वह ,नशे में में है अगला.

अर्थ के पास, क्या केवल उसका सांस?

मिला जब भी, दिखा कब नहीं वह उदास?

क्यों नहीं उसे दीखता उसके पास आता कोई?

क्या पता उसे, कहे भी तो क्या कहें इसीलिए क्या उसने अब तक उसे सदा ही है ढ़ोई?

लगता कहां कोई समीप उसके, जो पाए और वह जुड़े.
अभी हो भी कोई, मानता कहां कभी सुन पाए कोई और
भिड़े?

# 7. आज का लोकतंत्र

18-10-2021. कर्णावती (अहमदाबाद)

अब मैं कह रहा हूं मेरे घर में है लोकतंत्र .

फिर दल भी हैं ,और यह नहीं कहता उनका चलता नहीं रहता यहां है षड्यंत्र.

प्रक्रिया तो शुरू होती है, लेकिन होने नहीं देते चुनाव

लेकिन जब हैं दल, तब ले जीते यहां अपनी प्रजाति का ही लगाते रहते दायों.

यहां भी बनता बिगड़ता रहता है अपना-अपना क्षेत्र.

पता ही नहीं चलता कब है कौन रहता मित्र या शत्रु क्षेत्र?

है उनके अपने-अपने उपदेश.

नियंत्रण इनका इतना कोई जा नहींबस सकता दूसरे के प्रदेश?

अब यदि कोई और आ जाए.

बटे हुए हैं ,यह वे उसे नहीं दिखाएं.

कौन यहां नहीं दिखता, प्रार्थी.

लेकिन हर दल के लिए वह शरणार्थी.

देखेंगे वे कौन रहा उसे ठहरा ?

अपनापन के दिखावे का वे पढ़ने लगते हैं ककहरा.

सेवा रहती है उनकी उपलब्ध.

विदा होने तक, इनके रहते हैं अपने में गहरे संबंध.

अब जब आए तो ,अवश्य ही लेकर कुछ आए.

जब जाएं तो देकर अपना बोझ हल्का करते अपने को पाएं.

ले ले ,हैं ढेरों यहां सुझाव.

उनके पास उनकी है अपनी अपनी गणना लेकिन औरों के
लिए वे होने नहीं देते उसका अभाव.

जैसे विदा होते की आश, एक और सांस .

वैसा ही यहां भी, चाहे देते नहीं उसका आभास.

दल जीतने के लिए क्या-क्या नहीं है देते?

भिन्न है यहां, अपनाने के लिए है लेते .

इनकी क्या इच्छा यह नहीं छुपाते.

वही क्यों आवश्यक, बता भी है देते?

यदि कोई किसी और का हो जाए.

सत्यता क्या है होती ,वह लेता यहां जान और जीवन भर
पछताए?

अब वह अपनी रहे कहते.

किसी भी सभा में विरोधियों की जैसे है सुनते वही यहां भी
ये करते है मिलते.

कोई ना कोई लेता रहता , इनका टोह.

भिन्न उनसे , तब वहां होता नहीं कोई आप के प्रति मोह.

आप को चाहे ना हो उनसे कुछ भी अपेक्षा.

और भूल कर भी आप ना करें उनकी उपेक्षा.

सदा कोई ना कोई उनका आपके साथ.

कब क्या कहा, किससे मिले, हर पल का वे पकड़े रहते हैं
हाथ ?

आप है यदि प्रदाता.

आपको जोड़ ही, आज का उनका अलग इतिहास है लिखा
जाता.

आप जान भी नहीं पाते , युद्ध कौशल में वे कितने हैं
निपुण?1

कूट काट कर कुछ भी भी रख दें यह भी उनमें गुण.

स्थिति कुछ ऐसी, इधर कुआं उधर खाई.

आपके लिए सीमा अंकन हो ,पट्टी है मंगवाई.

यह प्रगट नहीं होता, रखते उसे वे गुप्त.

उनका आपस में है समझौता, अब यदि एक का हुआ पूर्ण,

दूसरे का भी हो जाए और वह भी हो तृप्त

करें यदि एक वाक्य में ही संपूर्ण- आप हैं बस प्रजा.

चाहे कोई कहे नहीं वे है आप के संदर्भ में राजा.

# 8. कुछ अपना कहीं

19-10-2021. कर्णावती (अहमदाबाद)

जब भी वहां से चला ,लगा कुछ छूटा ही.

क्या मानू, मेरा ही तो कुछ टूटा ही.

उत्तर आ आ , लगा रहे मेरे चारों ओर एक घेरा.

अनिश्चय की स्थिति ऐसी, किस-किस पर में लिख बैठा यह नहीं मेरा.

नींद रही कुछ कुछ कच्ची सी.

क्या यह कोई सपना था, उसमें वह, लगी कब नहीं कुछ सच्ची सी?

अब जब जली कुछ सूखी लकड़ियां.

धुए से बनती मिली वहां कुछ आकृतियां.

लगी मिल रही है वहां जल की कुछ बूंदे.

पड़े कहीं भी, क्या वे अपना अस्तित्व नहीं तब खो दे?

लगा तभी एक स्पर्श ,पलकों को कर हवा है गई.

सत्य का भार था या भ्रम का प्रश्न, वह क्या है जो यही मेरे पास है रह गई?

कुछ की कृतियां या अपरिचित आकृतियां वहां रही थी उभर.

एक शोर भी था वहां, पता चल रहा था क्या, वे रहे क्या मांग, दे अपना अपना स्वर?

रहा जानने के लिए प्रयत्नशील, और की भी कितनी ढूंढाई?

स्पष्ट कहां कुछ हुआ, ना ही उत्तर कहीं गयी पायी?

पूछी ही नहीं, चाही थी भी देखनी.

चक्र ही लगे, और रही मेरी सुखी ही लेखनी.

स्याही ने क्या किया हमें दुखी?

पल-पल का परिवर्तन ,कब किसी ने संजो कर कभी अपने पास है रखी?

मिले जब कहा , लिखा था उन्होंने,

लेकिन रख कहीं गए हैं भूल.

मैं चाहा रहूं उनके साथ, क्या पता कब कोई पुष्प उसका, तबका उनका जाए खिल?

धरा पर होती रही नभ की बातें.

इच्छा मेरी मैं यह जानू नभ पर क्या क्या रह गया है आते आते?

प्रतीक्षा रहा करता, और फिर हार, क्रम- कर्म के बोध से मैं निकला.

पल की सत्यता सी रहे सदा विमुख, तभी उनका कब नहीं बजता रहा है ढ़फला?

सत्यबोध यह, नहीं कुछ गाल बजाने सा.

राह है यह, कौन सा पल इसका नहीं लगता अभी है किसी के आने सा.

कभी - कभी एक सुर है आ लगता.

वह किसी राग रागिनी का एक अंश बन जाता.

आंगन की कब नहीं होती अपनी एक सीमा?

किसे नहीं, आ पड़ते देखा है यहां होते धीमा?

हां ,और यही हो यदि खेल -कूद का मैदान.

भर भर भाषा के कितना हो जाता आदान-प्रदान?

इस युद्ध का क्या केवल युद्ध ही हैं समाधान?

भिन्न कुछ का,कहां सफल होता यहां कोई अभियान?

दिखती कथा यहां स्वयं ही रही है छट.

ढूंढ रहा यहां कहां कोई वह वृक्ष बट?

अब तो चौपाले भी यहां कहां लगती?
फिर भी किसी के स्मृति के आश्रय में वे अब भी रहती कुछ
ना कुछ अपनी कह ही है जाती?

# 9. एक और चक्रव्यूह

20-10-2021. कर्णावती (अहमदाबाद)

पता नहीं, कुछ द्वार खुलते हैं कब?

औरों को देखता, जानना हूं चाहता, क्या यही पूछते हैं सब?

लेकिन क्या मैं यह अब तक हूं जान पाया?

लेकिन किस से नहीं ,अपने को पूछते हैं पाया?

पता नहीं किस से क्या-क्या सुन, हम हैं दौड़े।

अब तक कितनी की है परिक्रमा, सारे ही मुझे छेड़े?

उनके सम्मुख, कहना होता कुछ और मैं कह देता कुछ.

यही सत्य ,जब तक मैं नहीं लेता अपना पुछ?

मेरा चल रहा प्रश्न और उत्तर का यही युद्ध.

न मिला जय या पराजय , तभी अभी तक मेरा मार्ग हुआ नहीं है अवरुद्ध.

कितना संदर्भित, कल वाला कोई यदि ले आज ज्ञान?

नहीं सीमित था, और यहां अपना हुआ नहीं था संधान.

कैसे भी कूदते , दौड़ते जब हम हैं पहुंचते?

विशिष्ट कुछ सुनने या सुनाने के लिए, वे वहां तब कब है रुकते?

कैसे-कैसे मैं हूं आया?

वहां बार-बार मैंने किसे नहीं सुनाया?

उचक उचक तब कब नहीं लोगों ने मुझे देखा?

लेकिन अपनी वाणी को तब उन्होंने विराम था ही दे रखा.

कौन था, या है, जानने वे कभी नहीं खुले?

अग्नि बस, वे केवल वहां जले.

लौ को देखा है वहां उठते गिरते.

और पाया उनमें आकृतियों को बनते और बिगड़ते.

हम में से कोई और यदि वह लेता देख.

होता उसका ढिंढोरा पीटना और लिखता कई कई लेख.

कुछ-कुछ किसी से सुन, या वे कुछ ऐसे ही है पा लेते.

कितना विस्तृत विवरण वे तब कहां नहीं रख देते?

यदि किसी में समानता निकल आती.

उनकी यह वाणी उन्हें वही स्थापित कर जाती.

काल की गठरी तब खुल आती.

असंभव सा कुछ भी नहीं ,वह वहां कह पाती.

कभी तो था मिला , यह होता स्वीकार.

फिर हर उस वाणी का स्थापित होता वहां अधिकार.

कुछ उस सा ही हमें भी यदि जाता मिल.

आ आशा जगती, हमारा रहता दिल तब खिल .

कल तक चाहे रहा था अंधेरा.

अब अपना आने वाला ही है सवेरा.

टूटता है रहता, तब भी वहां रहती है प्रतीक्षा.

आज नहीं तो कल वह सब कुछ होगी अपनी बन दीक्षा.

अब अपना यही है जीवन और चक्रव्यूह.

भीड़ चाहे कहीं खो जाए, मैंने तो अपना लिया है यही समूह.

# 10. कितना हैं हम भूले

21-10-2021. अहमदाबाद अंतरराष्ट्रीय हवाई अड्डा.

पुकार लू तुम्हारा नाम कभी यह भाव मन में आ है ही बसता.

तब तब मेरा अंग अंग मिलता है हंसता हंसता.

कभी की उदास छाया, दूर खड़ी, तड़प है उसकी दिखती.

जानना चाहा है कब नहीं कुछ उससे, लेकिन वह कभी कुछ पता नहीं, क्यों नहीं कुछ कहती?

लगता जैसे कुछ पत्ते डाल से गए हो बिछड़.

हुआ यह कब, जब इन्होंने हवा से ली हो लड़ाई कोई लड़?

कभी-कभी मुस्कुराती नहीं ,ऐसी संध्या भी है आ बसती.

सांसे तब यही कहती वहां हैं मिलती.

कल पर कौन बसेरा है करता?

जब भी कुछ टूटता है, छूटता है ,तब क्या एक दर्द वहां नहीं आ है बसता?

कल पर कोई किसे जाए छोड़?

किसे पता वह प्रतीक्षा कब ले ले अपने को कहीं मोड़?

सभी तो हैं यहां पर, किसे पता इनमें अपना वह कौन?

ढूंढता रहता हूं देख ली एक एक आकृति , टूटता मिले कहीं तो मौन?

कहूं किससे, वह स्वर था अपना?

उत्तर से क्या नहीं टूटेगा मेरा सपना?

उन्होंने अपनी विशेषताएं, सर्वस्व क्या यही आ है बिखेरी.

दूर तक गया ढूंढता, कहीं कुछ और नहीं तो उनकी है ठहरी.

उन्होंने अपना पता ,क्या वही का तो नहीं है लिख दिया.

अदृश्य सा सब ,पता नहीं किसने तब उसका क्या है कहां रख लिया?

खुला एक और गीत का मुखड़ा.

मैं रहा ढूंढ, ला लू जोड़, कोई तो उसमे अपना भी टुकड़ा लाल पर ताल हम रहे देते.

क्या पता ऐसी कोई पहचान वे भी कहीं रहे हो ढूंढते या देखते या हो कुछ लिखते?

इन साक्ष्यों या पृष्ठों को कहीं होता ही है ना सहेजना.

भाव के अभाव पर तो कुछ नहीं था टूटना या छूटना.

कभी कह कुछ ,कर कुछ ,कहीं किनारा तो कभी किया नहीं?

लेकिन यह भी नहीं कहता ,सदा ही लगे रहे कभी भी और ही कहीं?

दूर देखते, कितना आसपास को हम रहे भूले?

मानता हूं मैं ,तभी तो प्रकृति के सारे रंग नहीं मेरे लिए अभी तक है खुले.

कल ने कब, किसे किसे कितना नहीं छोड़ा और छेड़ा?

अब कोई कहे या ना कहे, यह सत्य है , कभी ना कभी, हर किसी को उसने अपनी ओर है मोड़ा?

अब चाहे वह कभी प्रश्न सा ही हो था रहा?

उत्तरों के ढेर थे वहां, लेकिन उसमें से किसी ने कभी कुछ नहीं कहा.

क्षितिज पर उभर उभर आकृतियां रही थी खींचती.

देखने उन्हें आंखें दिखी अपने को मीचती.

लहरें रहती हैं उठती यहां चाहे किसी को नहीं दिखती?

जल नहीं, स्वर से उठती हैं, और रहती हैं गिरती.

कल यहां मिलता है कल कल करता.

छल नहीं, कोई सुने तो जाने,कल यहां क्या है कहता?

सुरेंद्र कुमार श्रीवास्तव

छल नहीं, कोई सुने तो जाने,कल यहां क्या है कहता?

# 11. राह पर

22-10-2021. नोएडा.

वह भूत है या भविष्य, एक ठोस दूसरा द्रव.

कल पर कोई कितना रहे बिखरा , क्या है यह सदा संभव?

अब पर तुम कब उतरोगे?

यही वह धरातल जिस पर तुम कुछ कर पाओगे?

तुम्हारे पास अब प्रश्नों के कितने ढेर यहां?

उत्तरों को छोड़, रहते हो कहां?

गति और लक्ष्य यही ही देगा,

नहीं चाहोगे तभी यही कुछ भी कहेगा

संबंधों की परिधि बना अपने चारों ओर ना छिपो.

जो उग नहीं सकता बीज यहां उनको तुम क्यों रोपो?

वह चादर है जितनी ही.

उतनी ही सिमटो, पड़ेगी क्या यह कहनी ही?

वह कल का सूर्य.

कौन सी रात्रि नहीं अंधेरी, खोवो तुम क्यों अपना धैर्य?

कब नहीं होते राह पर कुछ बिखरे कंकड़?

उनके में भी स्पंदन, नहीं वे सदा ही जड़?

करने सचेत ही किसी को देते वे ठोकर.

इस तरह तो राह पर ना चल सोकर.

कहां-कहां तुम कूदोगे?

वे मिलते कहां नहीं, क्या- क्या ,कहां -कहां छोड़ोगे?

ढूंढ वह पल अपना, शेष हटाओ.

राह पर ही है तो चलना, देखो कैसे तुम किस-किस से बच

पाओ?

कहीं शांत ,और कहीं उमड़ती है धारा.

कुछ भिन्न क्या रहे, तभी वह ले आ ,कुछ यहां उसने है धरा.

कोई कब कहीं ठहरे?

क्या आवश्यक अर्हता, कि तब स्वर ना कोई उभरे.

पत्ते कितने क्या, तब करनी होगी गणना?

कौन बताएगा किस किस

आकृति पर होगा तब ठहरना?

पुष्प ने यदि यह देखा.

क्या उसने अपनी वेशभूषा पर खींची रेखा पर रेखा?

कोई रहे कितने वार्ताओं पर?

कितना है शेष ,लिख रखे किस किस शाखा पर?

उठेगी क्या नहीं इस पर एक गहरी श्वास?

क्या यह माने कोई ,कर रहे किसी का परिहास?

कौन अब किसी का बन रहा सहारा?

और साथ ही, नहीं कौन ,किसे बिना रहा बेसहारा?

कभी तो रहे होंगे गुनगुनाए?

स्मृति में नहीं कोई चिन्ह, वे कब थे मुस्कुराए?

वे अपने कब यहां, अपनों को था पाया?

धीरे धीरे क्या अब तक कोई, स्वयं को ही समझाया?

यह राह भी तो कहीं है मुड़ती?

कुछ और यह पा, कहां कभी कुछ है कहती?

अपनी राह कहां है मुड़ती , जब त्याग हर चौराहा यह रहती है चलती?

सुने भी कहां, आ कोई भी जब सत्य ही उजागर हो करती.

क्या कह नहीं सकते, यहां हो रहा बस कटना?

बिखर ही रहा सब, अब चाहे कितना भी हो झपकना?
तब कहे भी तो कहे कौन?
स्पष्ट होते हुए भी, कोई क्या करें जब वहां फैला रहे मौन?
राहे अब नहीं चलती, ना ही करती कट कट.
क्या इतनी तल्लीन ,जैसे सुलझा रही हो अपनी लट?
कुछ और कहां वे देखें ,हारे चाहे कोई कितना कह कह कर?
आंखों को क्या दूं दोष, जी रही हैं स्वयं को ऐसे अपने को
भर भर कर.

# 12. जीवन को देखा सार्थक होते



बस कह मैं पड़ा चल.

कल्पना से उसमें नहीं जड़ा था एक भी पल.

जो शब्द आया लुढ़क .

उसने भी वही बताया जो मेरे था भीतर, नहीं था उसमें कुछ और तड़क.

लय और ताल चाहे ना इसमें किसी को भी मिले.

मेरे लिए तो इसी में सत्य सुंदर ही खिले .

दूर दिखी जाती उस पल तक की अशांति.

हो गई थी हृदय में इतनी शांति यह मुझे लगी घट गई है एक क्रांति.

ना ही क्रोध था ना ही थी ईर्ष्या, मिली फैलती सरलता.

वही कहने वहां ,कब तक रहता मैं डोलता ?

किससे था कहना, और किसी से नहीं, प्रश्न नहीं यह मेरा?

इतनी आकांक्षा, उस सत्य का रहे पड़ा यहां डेरा.

अनिद्रा अब नहीं.

वैसे अपनों की प्रतीक्षा अब भी कभी थी क्या कहीं?

द्वार खोल खोल नहीं रहता मैं देखता.

यह तो वह करें जो. द्वार बंद हो रखता.

अर्थहीन अब, प्रकाश है या है अंधकार.

स्वागत ही, किसी भी का करना, कब नहीं है स्वीकार?

पहले कभी लगाता था डाक.

अब कभी-कभी इधर उधर लेता हूं बस झांक.

छोटा सा ही है यह वन ,नहीं यह कोई उपवन.

दौड़ की भी कर लूंगा पार, सक्षम हूं, जानता है यह मेरा मन और तन.

लेकिन यहां की शांति नहीं करना चाहता भंग.

जब तक यहां, कौन सा पल मैं जीना नहीं चाहता इसके संग संग.

स्वास यहां मेरी धीमी है होती.

पदचाप है ऐसा मुझे ही वह कह नहीं पाती.

वह स्वर सुनता हूं, मैं जो हवा के स्पर्श से होती है वहां उत्पन्न.

पत्ते जिसे करते हैं संपन्न.

दामिनी यदि जाए दमक.

भीगता हूं मन ही मन, दिखती है मुझ में उठती तब एक चमक.

अकेला हूं वहां दिखता.

प्रकृति के पृष्ठ पर अपना नाम मैं हूँ लिखता.

कहीं वह इसे दे रहा नहीं तो अमरत्व?

यहां चाहे मिली नहीं वहां वह तत्व?

कैसा भी जल स्रोत यहां सुंदर है लगता?

जीवन है गतिमान ,देख इसे यह तो है दिखता.

कुछ पहली बार सुनी यहां ध्वनिया.

कभी नहीं देखी थी ,यहां थी बसी वैसी दुनिया.

चित्र रहा मैं अंकित करता.

इन पलों को करता धन्यवाद, जीवन को देखा सार्थक होता.

# 13. क्या हूँ मैं मृत्यु देवता

13-05-2022 कर्णावती (अहमदाबाद).

लिख रखे हैं कितने पत्र?

जब भी लिखें, ढूंढे ही, मिले तो जिन्हे प्रेषित कर सकूँ कोई ऐसा मित्र?

अपना जिसे मैं कह सकूं .

और कहता कहता अपने दिल की बात कभी ना रुकु.

ऐसा नहीं था कि मैं नाम नहीं था जानता.

कठिनाई थी मेरा कौन, जान नहीं था पाता

वैसे कब नहीं, एक बड़ी भीड़ अपने पास पाया?

लेकिन क्या मैंने उन्हें कभी अपनाया?

राहें बस राहें हैं होती, लक्ष्य पर नहीं होती उनकी समाप्ति.

ये साधन है , इनपर ही कुछ कहाँ होती है प्राप्ति.

राह राह है देती

वह फैली पड़ी हुए कहनी है पहुंचे वहीँ जिनकी यात्रा है चलती रहती

लोगों का अपना ज्ञान , उसे लेकर मैं क्या करूं?

अपना नहीं पाता, अपने स्वयं के सत्य से तो मैं डरु?

भीड़ तो कभी भी है.

और प्रवृति सदा से नयो की जुड़ने की भी है.

और इनके साथ, व्यस्त वैसे भी मैं हूं अवश्य.

परीक्षण की सीमा कितनी बढ़ाओ , यह मेरे लिए हमेशा रहता है रहस्य?

कुछ भी अपने से ही सुन पाएं, यह उनका ज्ञान.

मेरी स्वीकारोक्ति करेगी क्या तब नहीं मेरा अपमान.

नहीं कुछ कहता यह सत्य, उनकी भी तो नहीं सुनता.

उनका वह अपना विश्लेषण, लेकिन स्वयं से तो मैं सत्य ही हूं कह सकता

लेकिन मैंने हतोत्साहित भी तो नहीं उन्हें किया.

अपनाने का कोई कारण नहीं था, तब भी तो साथ दे देख लिया.

उनकी वार्ता से केवल भीड़ ही तो बढ़ी.

संदर्भ विहीन ही तो मैं हो रहा था, और मैंने यह सत्य भी पढ़ी.

कितनी ढेरों कल्पनाएं उनकी वहां रही थी जी?

सुनी- समझी ,कुछ कही नहीं, मेरे दिल पर कितनी बजी?

जो मैं नहीं था, वैसा था उनकी कहानियों में.

जो मेरी कभी नहीं रही थी मेरी आवश्यकताए, थी वही उनकी सावधानियों में.

उनकी यदि मैं लूं मान,

क्या यह होगा देना उन्हें नहीं सम्मान

वे प्राणी लगते में किसी और आयाम के.

कुछ भी स्पर्श करता मुझे होते यदि वे संसार के.

कब मैं वह, जिसका वे कर रहे प्रचार?

यह तो हूं जानता , तभी तो वहां खुलता भी नहीं मेरे लिए कोई द्वार.

चाहत मैं मेरे क्या मिले दया

सत्य क्या ,

मैं उजागर इन्हे क्यों नहीं करता?

भीड़ की कुछ का इस आस्था से जीवन तो है चलता.

क्या हूँ मैं कोई मृत्यु देवता?

मौन हूं पता नहीं कब से, भूल गया हूं बोलना, कैसे फिर
कुछ कहता?
और लेखनी का प्रबंध.
वर्षों से मेरा है ही नहीं इससे कोई संबंध.
धीरे धीरे उनके दर्शन का मेरा काल हो रहा है सीमित.
दूर होने का ,सत्य पाने का भाव फिर भी
क्यों नहीं हो रहा मुझमें जागृत?
नहीं मिलता वर्षों तब भी भीड़ यहां कहां है छटती.

मेरे पास है क्या, क्यों कभी उनकी वाणी इस पर नहीं है
खुलती?

# 14. धुप

14-05-2022. कर्णावती( अहमदाबाद)

मेरी प्रार्थना है सूर्य से, मेरे आंगन में दे दे , धूप की एक रेखा.

उतरी नहीं धूप कभी, ऐसे रख लूं तो एक लेखा.

दौड़ते भागते अपने खेतों में इन्हें कब नहीं है पाया?

कभी एक मुट्ठी भर भर लूं, यह ध्यान ही नहीं आया.

और जब ध्यान आया घर तक ला ना सका.

घर और खेत का चक्र लगा लगा कितना थका?

कहीं बीच में कभी नहीं रुका.

चाहे रुकने के लिए अपनों ने भी बार-बार टोका.

आंगन और खेत की यह दूरी कभी ना ला पाया धूप.

इस दौड़ धूप में बस कुम्हलाया मेरा रूप.

अंजलि में हूं रहा भर, जब उन्होंने जान लिया.

पुकारने उन्हें मैंने एक नाम दे दिया.

खेतों से भी यह कह दिया.

तुम्हारा कम ना होगा मेरी अंजली में भर जाता है तो भी, यह क्या तुमने नहीं है जान लिया?


क्या घर तक आते-आते वह इतनी जाती है थक?

सोने के लिए मेरे अंजलि में ही जाती है रुक?

चाहते हुए भी कभी यह नहीं पूछा?

कच्ची नींद में जगाना क्या होता है अच्छा?

दौड़ता दौड़ता मैं श्वेद कणों से हूं जाता नहा.

एक अंश भी उसका पाता हूं कहां?

राहों में कभी दिया नहीं मुझे ठोकर.

ना ही रहा इसका कभी मुझे डर.

वैसे जब जब मैं फिसला.

मैं बता नहीं सकता, मेरे भीतर तब तब कितना कुछ जला?

हां पूछता रहा, इनमें से क्यों है कोई आज मुझसे रूठा?

पूछता मैं तब कितना इन से जुड़ था जो बैठा?

पहेलियों सी ही सदा रही उतरती.

मिली नहीं एक भी वाणी जो स्पष्ट सी कहती.

निकला नहीं हूँ आज भी इस चक्रव्यूह से बाहर.

जुड़ता रहता नहीं मेरा कौन सा नहीं ऐसे इनसे प्रहर?

लेकिन क्या कभी ढूंढा उसने कहां है मेरा आंगन?

घर ऐसा यहां, क्या किसी खिड़की के खुलने का भी कभी होता है मन?

मैं देता रहता हूं अपना आमंत्रण.

वे जाने अपनी शक्ति, है विश्वास, मेरा विश्वास जीत सकता है उन्हें किसी भी क्षण.

आमंत्रण भी और यह सूचना भी रहता हूं देता.

तभी कभी भी, कम से कम ,परिधि पर चिपका तो रहता ही हूं मिलता.

है विश्वास , कभी ना कभी , मुझे अवश्य मिलेगा मेरा आंगन.

धूप ने अब है कहा, उसका भी मेरे साथ आने का है मन, मैं खोलूं तो अपना तन.

कटि के ऊपर, अब मेरी नहीं है कोई वस्त्र.

मुझ पर चारों ओर धूप ही धूप, मैं साथ उस के ऐसे जैसे एक मित्र.

# 15. योगक्षेम

16-05-2022, कर्णावती (अहमदाबाद).

जो हमारे आसपास, क्या संबंध उससे ही है जुड़ते?

कहीँ उनका रह गया है कुछ शेष अभी, क्या यह है कहते?

पेड़ पौधे और उन जैसों सा का, क्या हम कहें?

वे तो हमारी कई पीढ़ियों से जुड़े जो है रहें।

कहीं का उपजा , अन्न फल और क्या-क्या नहीं हमारे पास
आ जाता?

उन्हें पता, तभी उनकी यह राह , कोई ना कोई ले है आता
.

मिलती है कभी छांव कभी धूप कभी शिशिर, कभी वर्षा और
कभी केवल बदली।

पूछता हूं उनसे, उन्होंने अपनी कितनी पूरी कर ली?

और अपनी लंबी और छोटी छोटी यात्राएं।

कुछ दे ,कुछ प्राप्त कर ,क्या वे यही बताएं?

वे मुझे जो कुछ भी कभी बताएं।

मैं दौड़ता रहता हूं, पूरी कर ले, कुछ शेष ना रह जाए।

कई कई बार मुझे मिलता भी है दुत्कार।

और कभी मौन ही मिले चलते, साथ लगा तब उन्होंने कर
लिया है स्वीकार।

और वे जो भी कुछ आ है पूछते।

अज्ञात जब ,तब हम भी मौन ही हैं रह जाते।

जब कभी मैंने कुछ पूछा।

जुड़ना और टूटना ही था, कुछ तब का शेष नहीं बचा, कहा

स्वयं से तब मैं अच्छा.

जब भी कुछ मांगी, जुड़ा

कभी का लेन-देन था, या ऋण किया खड़ा.

कहीँ फसलों को उगाया .

कहीँ कभी एक पौधा ही लगाया.

अब नहीं जोड़ा उनसे अपना नाम.

असंबद्ध रहने का मन, मेरा यहां आता रहा काम.

करता रहा क्षमा याचना.

और किया भी ,और सब के लिए प्रार्थना.

जुड़े ऐसे रहा, जिनका कुछ रह गया हो शेष.

त्यागा जो भी, ऋणात्मक को धनात्मक करता, बना उन्हें विशेष.

विचार ऊर्जा से यह होता रहा ऐसे परिवर्तित.

इतने तक जुड़ता, और उतने अंश को करता रहा उन्हें अर्पित.

अपने को उनमें रहा देखता कभी पूर्ण और कभी आंशिक.

दोनों की गति शून्य ,यही जीवन सत्य, नहीं यह कोई भाव दार्शनिक.

जीने की यही कला.

मिला जो था कल तक, रहता अब वह मुझ से टला टला.

चक्रव्यूह जो कभी था रहता लिपटा मुझसे.

मिल रहा सीधा सपाट और हो सरल पता नहीं किससे?

कभी था रहता कितना निर्बल?

अब कम भी नहीं होता मेरा अंश भर भी बल.

ग्रहण करना ही नहीं मेरा केवल योगक्षेम .

निर्माण की पद्धति और प्रक्रिया कुछ अधिक ही है, ना ही कम और नहीं कभी जाएगी थम.

कौन सा नहीं अब भेद गया है मिट?
और कहां कुछ शेष से जो जाए मुझ में सिमट?

कौन सा नहीं अब भेद गया है मिट?
और कहां कुछ शेष से जो जाए मुझ में सिमट?

# 16. मैं गा रहा हूँ

05-05-2022 कर्णावती (अहमदाबाद)

रहे थे पुकार और मैं था उदासीन.

लयबध्यता थी उनकी, और मैं कहीं और ही हो रहा था लीन.

तीव्र गति से आते का एकाएक रुकना कितना होता कठिन?

ऊंची से गिरते झरने में कब पलती कभी मीन?

गीत उन्होंने अपने नहीं छेड़े, बस रहे पड़े.

यह भी नहीं कह रहे, हैं कौन,

बस अपने पर ही रहे अड़े?

लालिमा जब आई उतर .

फिर तो, कालिमा को जाना ही था वहां ठहर.

कल मे थी कोलाहल.

अब उसकी वही तो पहचान , कर रही थी हर पल एक नई पहल.

कोई हमारे मध्य त्योहार गया छोड़.

साथ ही कुछ अपने व्यवहारों से भी गया जोड़.

तारों ने क्या तब अपना आधिपत्य छोड़ा?

जुगनूओ ने भी तभी आ अपने को जोड़ा.

ना कुछ भी बादलों ने आ ढका.

ना ही इन पलों में चंद्रमा ने अपने को रोका.

मुझे ना दिखे तो यह आवश्यक नहीं, वहां आ बसा है अंधकार.

यह कहने को कि वहां बसा है अंधकार, कहां मुझे किसी ने

दिया है अधिकार?

अब यदि पलकें हुई थी बंद.

फिर क्यों मचा रहा है मुझ में तब एक द्वंद?

वह जो लिखी थी वह किसकी थी कथा?

भूला जो , और शेष रह गया जो था जानना क्या उत्पन्न
नहीं करता कोई व्यथा?

डोर होती है डोर, किससे ऐसी बनी वह यह नहीं है उत्तर .

और अभी तक, कल ही तो हो रहा था यहां प्रखर.

कालचक्र क्या कभी गया रुक ?

जानने में इतना चला गया हूं कि अब गया हूं थक.

कुछ रूप उकेरे ,वह था अपना लाभ.

फिर विशेषण विषेसणों से जोड़ना, क्या प्रगट नहीं करता
यह अपना दंभ?

एक युद्ध तब आ गया बस .

पल-पल अब निचोड़ रहा था यह जीवन का कोनसा नहीं
रस.

वीरान सा था जब कुछ चित्रों से उसे तोड़ा.

उन पलों को भी कभी की कथाओं से जोड़ा.

परंपराएं रही निभती.

अभी कहां बदली, धरा की अपनी रही कहती?

इतिहास उन्हें नहीं लिखने दिया नहीं थे कुछ जानते.

और जो लिख रहे थे वो मिले अपना घालमेल ही करते .

इतना सत्य लिखा और क्या वही सीखा ?

कितना कब किस उनके आचरण में वह दिखा?

मैं भी तो अपना गान , अभी भी गा रहा.

पीढ़ियों से यही सदा , मैं कह रहा .

# 17. मैं यहीं हु रहता

06-05-2022. कर्णावती (अहमदाबाद)

मेरे घर के ही समीप कहीं, एक पदचाप रही है उभर.

आगंतुक कोई नया ही है लगता जो आया है पहली बार इस नगर.

जानते हैं जो, वे यहां से नहीं है आते जाते.

विप्लवी जो है, हम माने जाते .

पता नहीं कब किसी को क्या सिखा दें?

औरों के लिए भी है जीना पड़ता, वह कला बता दे.

मानो तो ,यहां कुछ भी नहीं है अपना.

देखना ही है तो देखें औरों के लिए, करें भी यही हो सब का सपना.

फिर और क्या है प्राप्त करना?

जो भी है उसे ही तो, औरों को है दे देना.

कब वह था कभी मेरा?

यहां तो उसने डाला था कुछ पलों के लिए ही अपना डेरा.

फिर क्यों हो कोई द्वार बंद?

फिर मेरा तेरा का कहां यहां कोई द्वंद?

कल ना था उनका , और ना आज मेरा.

यहां कहां लगता है इनका फेरा?

नहीं गयी है यहां से वह कड़वाहट.

मेरे भीतर भी वह अपना देता ही रहता है आहट.

भावों को सम करने तब मैं हूं लग जाता.

पूछता रहता हूं स्वयं सें ,यह क्यों मुझमें है घर कर पाता ?

जब ही मिलता हूं पुष्पों से ,पंखुड़ियों को स्पर्श कर निकल हूं जाता.

यहीं रहे, सुंदर हैं , औरों को भी प्रसन्नता दे तभी छोड़ उन्हें हूं निकल आता.

कहीं बार हूं विंधा.

तब तब रक्त कणों को बाहर आने की वह दे गया है सुविधा

कभी मुख वहां रख दिया और कभी उसे किसी पत्ती से ढक, लेता हूं बांध.

कहता हूं तू ऐसे जा ,अपने को ले साध.

कभी मुस्कुराहट आ जाती है फैल.

फिर कभी क्रोध की चिंगारी, कर जाती है अपना खेल.

द्रष्टा भाव में ,तब मैं झट हूं आ जाता.

शेष पल उस जैसा क्यों ,पूछता हूं स्वयं को पाता.

है मेरे पास कुछ भित्ति चित्र.

मेरे यही तो अपने मित्र.

कितना कुछ , है कहते लगते?

और भी उकार हम हैं रख लेते.

कभी होते श्वेत श्याम.

कभी बसंत के रंगों को देते हैं काम.

ना ही कोई यहां का कभी मेरे पास आया.

ना ही मैंने किसी को भी अंदर बुलाया.

क्या हो यदि वे यहां कोई प्रकाश ना पाए ?

उनके दीपक का प्रकाश भी तो यहां प्रकाशित करने में हार जाए .

फिर भी मेरी रहती है उत्सुकता.

क्या पता कोई भटका ,ढूंढ रहा हो अपना पता?

# 18. क्या मैं हूँ केवल एक घटना

18-11-2021. कर्णावती( अहमदाबाद).

मेरे आंसू भी हैं मेरे लिए संगीत.

कहीं तो , किसी के लिए, और कारण यह गीत.

कहीं भी उठनी चाहिए ऊंची लहरें?

कुछ और नहीं, तब हम हिचकियों मे ही रहते ठहरे .

अब यदि ,कोई ना कोई ,उनका आ भी है झांकता.

कुछ कह क्या कभी है रोकता?

धारा का बहाव है मापता .

कुछ ना कुछ कह, उत्प्रेरक बना है रहता.

चक्रव्यूह है वह.

बचना है, यह एक विरोधी सा नहीं दिखता, समूह ही है यह.

मैं क्या, कोई भी नहीं कर पाता इन्हें दूर.

मिलता हूं ऐसे पक्की सड़क पर चिन्ह खूर

छेड़ो यदि इनको कुछ.

वह होगी जैसे आग लगाई इनके पूछ.

क्या यह कोई मेरी स्वर्ण नगरी?

साथ देता, तब मैंने इसे अवश्य रजत से है भरी.

विजय का डंका तब अवश्य पीटे .

कुछ पल उपरांत जाने वे गए हैं लूटे .

बजेगा क्या क्या तब वहां संगीत.

तब सुर चाहे हो मेरा, शब्दों में उनके ढलता रहेगा एक गीत.

अब क्या परिवर्तन है आ, मुझ में बसा?

सदा से ऐसा ही मैं ,हर बार मैं हूं ऐसे ही हंसा.

हां जब भी कोई है गिरता, मैं उसे संभाल हूं लेता.

बिना कुछ कहे ,जैस चौराहा जो कभी नहीं खिसकता.

कितने संबंधों को ऐसे जोड़कर है रखा.

अपने अकेलेपन के साथ तो यही है सीखा.

सुनता उनका कौन सा नहीं वचन?

लेकिन सीख नहीं फैलाता ,ऐसे करता नहीं उनका दमन.

जीवंत रहती हैं तब उनकी वहां किलकारियां.

तब फूलों से भर जाता है मेरे अंदर में बनी क्यारियां .

पता नहीं क्या मैं हूं उनके लिए एक घटना?

अप्रभावित रह अपने लिए देता नहीं कुछ घटना.

मुस्कुराहट हर बार है रहती उभरती .

और केवल मेरे भीतर ही वह रहती है फैलती.

ध्वनि में यह कोई भाव में आने नहीं देता .

अगर करता यह तो मैं ,उनका क्या आक्रमण कभी रुकता?

मंगल कामना उनके भविष्य की मेरे साथ है रहती.

लेखनी मेरी तभी तो रही है अब तक चलती.

वे जीते यह अपनी जीत.

प्रार्थना मेरी यह सदा से वर्णन कर कर कुछ भी अपनों में
अपनों के बनी रहे मीत.

# 19. तू यहां नदी ना बन

19-11-2021. निर्माण विभाग अधिकारी विश्राम गृह
महानदी भुवनेश्वर.

संबोधन

चल हट, तू यहां नदी ना बन.

वे जो दिख रही है वे है समुद्र की लहरें ,

मैं कभी कहाँ उतरा गहरे

उनकी भी ना सुन.

रह तू केवल अपने धुन

फिर समुद्र क्या करें?

और नदी ,फिर किससे डरें?

हवा की दिशा देख, अब तू चल.

ढूंढ यहां कहां है बसा तेरा वह पल?

सुगंध रसोई की रही थी फैल,

कोई कितना भरे अपने को पि पि जल

और तभी वहां से आ किसी ने झांका .

मेरा हाथ उस समय में जैसा था वहीं रुका.

एक बड़े युद्ध की यहां ले रही जन्म की अवधारणा.

तू हट तो एक ओर, यहां नहीं कुछ भी , तू करे जैसे पारणा

पौधा मिला जिसमें दिखी नहीं जड़ मे मिट्टी.

घेरने वहां पड़ी थी उसे एक पट्टी.

कल पर हाथ धरे बैठा.

और कौन, स्वयं ही तो कहता हूं झूठ झूठा.

आंखें तब क्यों कर ली बंद?

क्या इस प्रकार पूरा होगा एक भी छंद?

आती मिली उपजा नहीं एक भी विवरण लगा स्मृति हो रही है मंद.

ढूंढ रहे हैं कहां वह अपना वाला कंद?

खानी है तो सही क्यों नहीं ली उसे खोद.

भरे जल तो लगे बटे मोद.

अब तू कल ले ऐठ.

क्या यह देगा कहीं बैठ पैठ?

उतर रहता मौन ,फिर भी ध्वनि उठती वह कौन?

दिखी छांव में बैठी एक रैन .

लगा कुछ रहा टपक.

वैसे यह एक ध्वनि , कोई ढूंढे तो पाए ,-

-क्या नहीं रही है वहां चटक?

झांसे देने जैसा क्या यह नहीं?

कह कर लेते संतोष , दिखती एक लता सी कुछ वही.

अब यहां कितने हैं विशेषण?

छिड़ गया, ताल पर ताल दे रहा, यहां तब कौन सा नहीं रण?

यह अपना पल ,उखाड़ खाबड़ पर चलते चलते दौड़ है पड़ता मिलता जब कभी समतल.

जैसे बड़ी देर से बंद , उठती चढती यवनिका को देख, मिलती प्रसन्नता को संबल.

अब है यहाँ, एक उठ रही भवर.

नदी के मध्य में कभी, क्या यह नहीं रही थी उभर?

वार्ता क्या यहाँ केवल नाव नाविक और पतवार की?

या उत्पन्न हो, कुछ या प्रकट कर रही पूर्ण आभार की.

क्या नहीं मैं अभी भी जाल में ही फंसा?

सरल होता, ना देता कष्ट, ना पता वह लेता, पता नहीं वे पल, अनेक मिले मेरे लिए हो कैसा?
वह कोई मेरे से भिन्न ,रहा क्या देख?
यही उत्पीड़न है पता नहीं किसका, मेरे लिए कहां कभी रही है यहां या वहां कोई सीख?

# 20. भुला क्या जीवन की भाषा

20-11-2021. निर्माण विभाग अधिकारी विश्राम गृह
महानदी कक्ष भुवनेश्वर

वहीं कहीं बैठ ढूंढता रहा

अब भी कहीं परछाई मेरी यहां है चिपकी, बस उसे पढ़ता रहा.

कल मेरा अब भी कहीं यही था अटका .

मेरे साथ था आज, उसे मैं देख पा रहा था जैसे वह खा गया हो झटका.

और वह कल मेरा चाह रहा था कुछ ना कुछ कहना.

मना किया बाद में बाद में ,यही शब्द उच्चरित होता रहा

सुनता ,क्या इसी में मानूं उसका मुझे मान देना?

जुड़ जुड़ चुका था उसे कैसे करता अस्वीकार?

"और जो प्रतीक्षारत ,क्या उन पर डालना उचित था फिर भी प्रतीक्षा का वार??

और आज रहा था केवल अपने दांते पीस

फिर क्या यह देगा नहीं या उठाएगा नहीं टीस .

पता नहीं, यहां कौन ढूंढ रहा सांत्वना?

कौन सा रूप मैं ही तो कर रहा था मना?

शिशिर कह दिया तो मैंने ही था आमंत्रण.

ग्रीष्म है ग्रीष्म, अब यही तो कह रहा था अब हर क्षण.

उन्हें क्या अंतर नहीं पड़ता?

फिर भी, मैं उनका कुछ भी नहीं ,अभी सुनता.

शब्द उपज रहे जैसे व्यंग बाण.

माने हम या ना माने ,किस पल नहीं बिंध रहा है प्राण?

कुछ लिपटा है ,क्यों उस ओर नहीं जा रही मेरी दृष्टि?

ढिंढोरा रहे पीट , कर रहे पता नहीं, बस विचार मैं है, कैसी है सृष्टि?

कोई अतिथि सा आ, यदि राह भी लाए.

हम उसे हैं, कुछ ना कुछ और ही समझाएं.

बस हारे वह जीते हम.

युद्ध वह कितना करें ,बस हर वह रह जाए हो सम.

वह तब यहां ,क्या कहता?

धीरे से ही, बस वह चल है पड़ता.

कितना संदर्भित है वह?

जानता कितना व्यथित, फिर भी वह रहा नहीं कुछ भी कह?

प्रयत्नशील क्या, वह कल एक बार, होगा फिर?

जो गया, लौट क्या नहीं आएगा एक भी बार इधर?

यह किसका समर?

चाहत किसकी नहीं होती, वह आए एक बार और उधर उभर?

विस्थापित ,क्या यहां आया होने का है डर?

शब्द और भाव भिन्न-भिन्न, और ऐसे ही उठ रहा है स्वर.

और मैं यह स्वयं ही क्यों रहा अपना?

मेरा क्यों नहीं हुआ, स्वयं को करना मना?

मिलता हूं स्वयं से यहां पर क्यों अपरिचित सा?

करता नहीं स्वीकार कारण, बस रहता हूं क्या नहीं तभी सदा व्यथित सा?

उत्कृष्ट हो जाता मैं ,यदि स्वीकार करने की ऊर्जा का नहीं

करता विनाश.
तुला के पालड़े पर वरदान और अभिशाप को बांध पाल रहा
में कौन सी आश.
आनी ही है वहां निराशा, क्या यही मेरी अभिलाषा?
क्या भूल नहीं गया हूं मैं अपने जीवन की भाषा?

# 21. सुन्दर है वही सत्य सनातन

21-11-2021. निर्माण विभाग अधिकारी विश्राम गृह महानदी भुवनेश्वर.

कल पर रखा एक आधी आदेश.

जीवन क्या कभी किसी का लेता है ऐसे संदेश.

कल ही तो रूप देता है कैसा होगा आज और अब.

फिर क्यों उठता है किसी के मन में यह प्रश्न, कब?

मुस्कुराता है जब भी कोई अब.

कहीं ना कहीं कोई पुष्प , क्या खिलता नहीं है तब?

यही तो पल है ,रहते रूप बदलते.

इसी रूप से कर मिलन , वे रहते हैं उगते .

जो भूला दिखता , वह भी उन्होंने अपने स्मृति में होता रखा.

बस वर्णन करने , किसी के समक्ष , कभी अपना उन्होंने कुछ नहीं लिखा.

कई नाम स्वयं मे ही होते हैं शक्तिशाली.

क्यों लगता , लिया उनका ही नाम यदि आपने उन्हें ही दे डाली.

नहीं कहा ,कुछ कभी नहीं कहा तब.

यदि कभी कुछ हुआ उच्चरित, वह सुंदर सा ही रहा तब.

ऊर्जा वहां इधर-उधर नहीं गई तब फेंकी .

गुणित हो ना उसने तब कभी अपने को नहीं रोकी.

अशिष्ट कोई जब राह में मिला ,उसने नहीं देखा.

भविष्य के लिए उसने मन में भी नहीं रखा इसका कोई लेखा.

धारणा यह, एक बढ़ें तो सभी बढ़ें.

सुंदर है यह सत्य ,आज ही और अब, सभी पढ़ें.

किसके प्रति नहीं उनके विचार खुले ?

सुंदर है, वही सत्य सनातन, किसके नहीं जब यह देता थिरकन , लय में होठ हिले?

व्यंग भी जब कभी उतरा.

उसने तब हर बार दिया उसे बिखरा बिखरा.

कई बार प्रश्न गए बदले.

विचार रहा था उठता, क्या पता इस बार कुछ दूसरा ही वे कहले ?

अब भी ऐसी ही प्रतीक्षा है रहती.

कभी-कभी क्या नहीं ऐसे भी सफलता है मिलती?

यह परीक्षण नहीं रहता चलता?

किसी ना किसी चौराहे पर सदा ही खड़ा है मिलता.

प्रकृति की अपनी संरचना और उनका अपना दृश्य.

मिले उसे जो मिले उनका बनके शिष्य.

किसे नहीं कितना कुछ कभी भी रहता है सीखना?

प्रार्थना हो तो, कितना कुछ होगा देखना?

पाठ तो यही सबका.

गुरु यही, यही तो आधार नहीं किसका?

अब यदि यह कभी ऊर्जा जाये फैल.

कुछ के कुछ पलों का इससे हो जाएगा ही मेल.

राह यही अपनी , कितने भी ऊंची नीची और गड्ढों से भरी ,फिर भी मैं इसी पर हूं चलता.

मिलता कितनों से ऐसे राह में, मैं अपनों से ही तो मिलता,

और हूं जुड़ता.

# 22. अमृत नहीं, विष है यह ,यही हर श्वास है पी रही

13-07-2019. रेलवे अधिकारी निर्माण विभाग विश्राम गृह शिवाजी टर्मिनस मुंबई.

थी वह मेरे पास ही, फिर भी लगी वह ध्वनि उत्पन्न हो रही ,कहीं बड़ी दूर?

कभी लगी वह , बादलों की गर्जना -तर्जना से भी भरपूर.

कभी शीतलता और कभी उष्णता भरी लहरों -

-का मेरे भीतर होता रहा उतरना.

फिर ,श्वेद कणों का मुझे होता रहा देखना.

अब चाहे रहा मैं गहराई नापता.

ऊंचाई से भी नाता जोड़ता ,वहां रहा भी ठहरता.

लेकिन साथ, सत्य यह भी, अब नहींजा रहा था चला.

और पड़ कहीं रह जाऊं , यह भी विचार कभी नहीं मेरे भीतर पला.

अब लगता ही नहीं, यह है मेरा शरीर.

नहीं है ,फिर भी अंग अंग क्यों मेरा हो रहा अधीर?

पता नहीं गुंजा को पीस,किसने मला है मेरी आंखों में?

और पलके भी हैं ,क्यों किसी के धोखे में?

तलवार की धार सा है रहा कुछ मुझे काट.

ऐसे चीरता जा रहा है जैसे उस पर तौल के लिए लगी हो बाट.

मन हो रहा लहूलुहान.

फिर भी मेरा इस युद्ध पर नहीं है ध्यान.

चिंतित नहीं, ले हार और जीत का निर्णय.

मानता स्वयं को, जैसे मिला हो सबसे मुझे अभय.

कहां हूं , का कहां हो रहा अब मुझे आभास?

थक गई है लगती मुझे मेरी स्वास.

लग रहा हम हैं धरती, विजय हो रही प्रस्फुटित.

साथ ही दिख रही पतझड़ होती घटित.

स्वीकार किया किसने कितना?

अस्वीकार की यही कहानी, नहीं हुआ कुछ और सीखना.

और फिर एक डर रहा उग अपने से.

अब क्या कहें, पता नहीं अपने सपने से?

टूटी टांग वाली मैं, मैं क्यों एक चारपाई?

क्यों यही ध्यान है लाई?

दिखे बिखरे और उदास घर के बर्तन .

और यह जानते हुए भी, हम नहीं कर पा रहे उनका समर्थन.

खड़े भी हो तो कैसे और किसका करें तिरस्कार?

कहां है अब कुछ भी ऐसा स्वयं पर मेरा ऐसा अधिकार?

चक्रव्यूह स्वयं का हो गया नाश, यह कैसा किसी विजेता का अभ्यास?

पैर काटे अब हूं बैठा हर पल ले शाम वाली उदास .

क्या करें, कैसे करें, नहीं आ रही समझ बस अब है कल की प्रतीक्षा?

हूं ही नहीं पहले वाला ,कहां गई मेरी शिक्षा?

विजित की यह गाथा, कितने युद्ध छेड़ यहां जिएगा?

एक आक्रमणकारी प्रदत्त वह व्यथा ,रक्षक बन क्या पाएगा?

अमृत नहीं, विष है यह ,यही हर श्वास है पी रही.

पूछती है तब स्वयं से, जिया क्यों नहीं कुछ ऐसी ही वह
कह रही, क्या नहीं वह बहक रही?

पूछती है तब स्वयं से, जिया क्यों नहीं कुछ ऐसी ही वह
कह रही, क्या नहीं वह बहक रही?

# 23. परिचय का यह अभिनय ,क्यों होता रहता है क्षण क्षण?

14-07-2019, मुंबई शिवाजी टर्मिनस.

मिला जब जल से.

उसने कहा नहीं ,है प्रतीक्षा उसे मेरी किसी भी पल से.

वैसे यह था भी नहीं मेरा प्रथम मिलन.

चाहत थी सुनू मैं उससे , मिल प्रसन्न हुआ मन.

लहरें वैसे ही रही उछलती , अब भी ऐसे कुछ पल पा मुझे दुख हुआ.

वैसे ही बैठे रहे मौन, तभी सुख ने मुझे छुआ

हो गया कैसे उस सोच का विध्वंस?

लगा उससे जा जुड़ा है मेरे भीतर के जल का अंश.

ग्रहण करता हूं हर चाह उसी के तो साथ.

सर्वस्व उसी का, फिर क्यों कहना आ रहे पकड़े मेरा हाथ?

नहीं पता मैं जीता कि हारा.

पता करते हम तब कैसे, हार, अपने को ही निहारा?

स्वास की गति धीरे-धीरे होती गई मध्यम.

अब यह सत्य की गहराई सब गया वहीं थम.

क्या कहूं इसे अनवरतता, या अनंत की यात्रा.

अपरिचित सा ही सब लगा, कहां लगाता मैं एक भी अपनी मात्रा?

क्या यह नहीं सत्य प्रतिदिन, प्रतिझण का?

जीवन का सत्य ,शीघ्रता की यह राह, यदि पकड़े बनता यह
क्या नहीं क्षेत्र रण का?

परिचय का यह अभिनय ,क्यों होता रहता है क्षण क्षण?

भर गया क्या नहीं जीवन का इससे कण-कण?

सुष्मित जीवन पुष्पित जीवन, घोषणा करता कोई एक और
आया।

मौन ही रहा है, प्रतीकों में भी, मैं इसे कुछ भी इंगित करते
हुए नहीं पाया।

है अब साथ .

और पकड़े भी है हाथ.

इसी ने तो कहीं नहीं यही जीवन है बसाया?

तब भी मैंने अपने को मौन ही पाया।

वातावरण में छाया हुआ था चकाचौंध करता प्रकाश,और फैल
रहा था ताप।

मैं प्रतीक्षा कर रहा था, कभी ना कभी मेरे भीतर गूंजेगा ही
इसका अलाप।

ताल और लय जीते, मैंने पाया मैं दे रहा हूं थाप।

डर रहा था यदि हो गई कोई त्रुटि, स्वयं का स्वयं को ही
ना मिल जाए श्राप।

प्रकट हो रहा था मेरा यह एक और रूप।

उद्घाटित हुआ, ना ही किसी का सुंदर रूप, ना ही कोई
कुरूप।

वही जो बाहर, वही क्या नहीं है भीतर ?

यही सत्य, फिर तुम क्यों रहा है डर ?

आ, बस तू आ, विशालता कह रहा देख ले,तू मेरी कुशलता।

आता जो भी, आयाम यही, क्या नहीं मेरा पता?

श्रेष्ठ, अतिश्रेष्ठ ,सर्वश्रेष्ठ या कहूं विशिष्ट ही मैं .

वैसे क्या नहीं मैं, प्रसन्न भी मैं रूष्ट भी मैं और सुन कष्ट भी मैं .
किसने आकर नहीं कहा तू मुझ पर तू मुझ पर?
कहां नहीं मैं, इनमें से कौन जी नहीं रहा ,मेरे साथ ही रह कर?


लगा छिड़ रहा है एक युद्ध, और सज रहा है चक्रव्यूह.
मिले जब और ,माना बढ़ रहा है ऐसे अपनों का ही एक समूह.
एक ही तो सब ,कोई भी रुप या आकार लेकर.
अन्यथा हम लटके ही रहेंगे अधर.

# 24. अग्नि है कितनी मेरे भीतर, फिर भी कुछ और अब तक कहां है जला?

15-07-2019. मुंबई

पुकारा मैंने, लेकिन मौन नहीं तोड़ा.

शब्दों को छोड़ ही तो ,मैंने आप को सबसे जोड़ा.

कितनी इच्छाएं अपनी, उठा मृदा अपने से लिया लपेट .

आखिर कभी तो हो अपने से भेंट.

अब जब शीतलता फैली, मरुस्थल में लगा सूर्य हो जैसे सो गया.

हाँ अंधड़, यही तो ,उठ था कहने आया.

फल -फूलो के मध्य, मैं लगा हूं मधुमक्खी, मधु नहीं, रंगों को जीता हुआ.

एक बार ही यह सत्य, कुछ अपने होने का भाव तो मुझे आ छुआ .

खो गया मैं इतना ,कुछ पता ही नहीं चला.

ओस की बूंदों सा, ऐसा कुछ, मैं घर सा मिला.

ना मेरे भीतर कुछ उठा ना ही कुछ कहते बना.

जुगनूओ को अवश्य मैंने कुछ कहते सुना.

वार्ता वह तारों से थी या बादलों से, कुछ चला ना पता .

जो भी था सत्य, मैं कहता भी तो क्या -क्या कहता?

बादलों की ओट में लगा मैं ही हूं छिपा.

चंद्रमा की प्रतीक्षा मे उनके बदले मुझे देख , यह देगी उन्हें

थका, तब मैंने अपने को दिया थपथपा .

उन्हें क्या देर ना हो जाती, यदि मैं स्वास ना लेता.

हवा को कब तक अपने पास रोके, मैं रोके था रख सकता?

उनके मिलन और विदाई में कौन, जो अटका रहा रोड़ा?

यह कोई ऐसा हठ नहीं, जो जा न सके तोड़ा.

जड़ था यह अब तक, अब जीवंत.

क्या किसी के जीवन यात्रा में खड़ा कर रोड़ा, या कर
अवरुद्ध क्या कोई रह सकता है बन श्रीमंत?

उस जल की गहराई मैं कैसे मापु?

बाहर तो है पैमाना उसे मैं कैसे भीतर थापु?

चाहा कह, ले लूं छुटकारा, तू तो है अनंत तथा शांत.

उसने ललकारा, एक बार तो ले तू देख, ना हो भ्रांत.

अब फिर मेरी चल रही है अनंत की यात्रा मौन धारण कर..

पल-पल जी रहा कहता, भीतर ही भीतर मुझसे तू वार्ता तो
कर.

अब तक मैं केवल यही पाया हूं सीख.

और मुझे, मेरी मांगे ही रही है दिख.

जो भी मिलता कहता तू बस चल.

आकांक्षाओं को देखता , उन्हें नहीं पड़ रहा कल.

ना ताल, ना लय, ना सुर - स्वर ही है बदला.

अग्नि है कितनी मेरे भीतर, फिर भी कुछ और अब तक
कहां है जला?

भीड़ तो अब भी कह रही केवल अपनी.

मौन भी नहीं होती जब पूछता तुम्हें क्यों नहीं, और की
होती है सुननी?

खो हो गए हैं मेरे सारे शब्द कोलाहल में.

जैसे कोई पतली धारा खो, हो जाती है मरुस्थल या नदी के

विशाल जल में.
रहा हूं कुछ कुछ भीग, फिर भी चाहता नहीं उठना.
अंजलि में उठा उठा सिर पर रखता पता नहीं मुझे अब क्या
है कहना या करना?
हो रहा ,लेकिन मैं प्रसन्न.
जो भी मिलता परिचित अपरिचित गले लगाता कहता स्वयं
से वह मेरा है अभिन्न.

# 25. हम देखते हैं वैसे ही जुड़ने के सपने

16-07-2019. मुंबई

यह भी घुंघट मेरे लिए कहां है होता?

और कोई भी पट, ना,वह है खुलता.

वह है ,क्या जानू कैसा सौंदर्य ?

और यह मेरा दीवार सा का धैर्य.

वैसे मिलती नहीं, नहीं कहीं और रोकी भी नहीं कभी हवा या प्रकाश.

ढूंढते हैं सदा इन्हें, कहीं तो हो अपना आकाश.

भित्तियो ,पर दिखते हैं अंकित कुछ गीत.

वाद्य यंत्रों की इन्हें ऐसी पहचान, तभी तो गूंजता है कर्णप्रिय संगीत.

जीवन, हाँ आ, पर रहता है उतरता.

और हम हैं यही ,रहता है कहता .

रॉंधने के लिए मिट्टी के बर्तन और उनसे ही बना चूल्हा.

विवाह में कब हंसी का पात्र नहीं बनता दूल्हा?

और वह दूध का दही के रूप में जमना.

कभी-कभी दीपावली में दीपों का होता है देखना .

गाय के गोबर का वह लिपना ,

अब प्रतीक में उसका एक अंश का होता है दिखना.

देसी गाय की दूध दही और भी यज्ञों में होती यह समिधा .

इन्हें पालने अदि मे ,है क्यों ,सदा मन में उत्पन्न होती रहती है बाधा .

और जल के लिए वे मिट्टी के कुल्हड़.

अब प्लास्टिक आदि से वे गए हैं उजड़.

कितना स्वस्थ था वह पत्तलो का चलन?

गरिष्ठभोजन ,नहीं कोई कठिनाई, होता था सरल ही पाचन.

और कच्चे-पक्के खाने का वह गणित.

अब पूछता है कौन, कहाँ वह प्रचलित?

फिर विदाई में मिलन का वह भाव.

संगीत गया है अब उजड़ , और उसमें केवल शेष है अभाव
या कॉव कॉव.

एक युद्ध सा ही रहा है ,यहां इनका ऐसे एक होना.

उनकी राधे भोजन का जब होता था ग्रहण करना.

रात्रि वह बीत गई भूखी भूखी

पता नहीं किसको कितनी भूखी वह दिखी

और अब है भूली भूली.

संबंध तभी तो है लगता, कुछ खाली खाली.

चाहे यह अब विदा के पल.

साथ ही सबका चल रहा मिलन का भी कल कल.

मिलन की यह रीत नीति.

वैसी कुछ भी अब है ही नहीं जो बने संबंधों की भित्ति और
उपजे प्रीति

कहां से अब बने संबंध प्रगाढ़,

कहां कोई जानता, टूटती है बस , और आती है बाढ़ .

अभी एक दूसरे को जान ले ,होता था वाद विवाद.

वहां हार जीत नहीं ,उगता था तब अपनापन का संवाद

अब तक दूर के चाहे कितने वे बन हो जाते थे तब अपने?

सुनकर वह सब कल का ,

कभी हम देखते हैं वैसे ही जुड़ने के सपने.

# 26. तथ्य कहाँ किसीके आज तक है समझ आयी

08-09-2019. बिलासपुर छत्तीसगढ़ नर्मदा रेस्ट हाउस
कहाँ तुमने अपने को है मोड़ी

राह तुमने है छोड़ी ,

ढूंढ अपने पूर्वजों को उन्होंने जब छोड़ा ,

कहाँ समझे क्या उन्होंने है तोडा

क्यों चौराहा कभी ना दिखा?

उसके पहले अपने को कहाँ था पाया रखा?

धुंध ही है फैला रखा

देखे तोह कोई क्या कब, नहीं दिखा

ढूंढ ले कोई, मुझे उड़ा नहीं हूं.

बांध सकते हो जब बाहों से बांध लो, अभी यहीं कहीं हूं.

गोली तो है गोली ,बंदूक की या गुलेल की या निकले किसी और की.

चोट कौन कितनी है करती, यह क्या है कुछ कहने की ?

कह तो तभी पाएगी जब बारी आएगी दौड़ने की .

गति क्या है तब सांसों?

सुनता कौन आभासों की ?

कहूं मैं नहीं करा रहा किसी को चुप.

वैसे पास ही कहीँ छाव, नहीं है धूप ?

कुछ कहें यदि रहा नहीं जाता .

कहो ना वह जो तुम्हारे भीतर है उपजता .

वार्ता यही है रूठी हुई .

कह तो दो एक बार भी यदि भीतर तुम्हारे वार्ता है प्राण ले पाई.

मैं अकेला कहां, तुम तो सदा पास ही हो रहते.

कोई सुने ना सुने, तुम कब नहीं हो मिलते कहते ?

ढूंढ रहा देखे तो तुम्हारे नयन

देखा जब, पहचाना कहां ,प्रश्न उत्तर में ही रहे उलझ रहा ही नहीं तब कोई चैन .

कह कह तुम अब तक नहीं हो हारे.

हम भी यही कह रहे ,सदा से माना नहीं , तुम्हें पूर्ण हम चल रहे तुम्हारे सहारे.

अब तू डर .

नहीं हमें साथ ले, उजड़ेगे तुम्हारे नगर.

ना धमकी ना प्यार , एक यह सत्य का व्यवहार.

नहीं जानता , तू क्या है मानता, लेकिन ना हो उदासीन ,हमने रच लिया अपना ऐसा संसार.

रूप हम भी रहते हैं धरते .

यवनिका कह , हम हैं ऐसे बदलते .

कभी भीड़ है हम, और कभी केवल अकेले के ही नायक .

माने चाहे ना लेकिन सत्य हम सदा से ही हैं शावक.

कई राहें आ मिली,हम कहते हैं चौराहे..

पहचान रहती कहां ,वहां देखा तभी ना, हम वहां अपने पद ना धरे, और ना हीं रहे.

जैसे हीं तू पड़ता चिल्ला ,वही सब है जाते मिल.

फिर अब लोगों ने यदि अलग राह ली ,क्यों तू बस रहे खुल खुल?

वहां केवल उनकी धूम ,क्या नहीं उसकी एक सीमा?

बंटवारे की यह राह, तुमने ही क्यों है चुमा?

नभ की बात कह धारा को क्यों नकारे?

और खींचे केवल लकीरें .

जब है देना दोष , मत्थे मढ़ें इनके, इसीलिए तब इन्हें
पुकारे.

जबकि अब तक चल रहे हैं हैं इनके ही सहारे.

वहां यह है, यहां वह है ,कह क्या हम नहीं कर रहे भ्रमित .

प्राप्त वहां था करना, बन वह जाता है केवल कथित.

वह डर अब हमारा .

जी रहे ले बैठे बर्फ की चट्टान को बना अपना अपना सहारा
.

वे कौन थे जो हमें मार गए?

कोई और नहीं हमारे ही अपने बनकर थे आए

तिथियां हैं जा रही मनाई.

तथ्य कहाँ फिर भी आज तक है किसी के समझ आई?

# 27. समर्थ करती राहें

17-09-2019.0 लोथियन ब्रिज, दिल्ली.

ढूंढ रहा तू घर, बेघर होकर .

क्या कर पाया तू घर में ही रह बेघर सा होकर?

उन उत्तरों को ढोता तू क्या करेगा जो हुई नहीं स्वीकृत .

विष पीने वालों तू क्या पिला पाएगा अमृत?

कहां- कहां , क्या क्या कह कह तू तो कब नहीं रहा है स्वयं
को ही ढकता ?

किसे नहीं तू, रहा है न, अपना कहता.

धूप का पैबंद सा तू क्या करता है स्वीकार?

खिलौना भी नहीं तू, रखें कोई तुझे संभाल कर .

अब कोई क्या करें, तू मान है बैठा तू ही सर्वस्व?

अज्ञान भरकर कौन हुआ है प्रसिद्ध इस विश्व?

ना ना , मैं रहा नहीं तुझे डरा.

कर खाली तू अपने को ,उनसे जो अपने को है भरा.

कितने तेरे चारों ओर कर रहे प्रतीक्षा?

खोल अपने को, बता किसकी तू कर रहा रक्षा?

जाने की दे राह, होने दें उन्हें किसी और का अपना .

बसने दे , आ रहे वे जो तेरा रहा है कभी सपना.

अब तक तू ने ,इन्हें ही माना था पराया.

हर मौसम में बाहर ही तो था ठहराया .

होगी चाहे थोड़ी सी बेचैनी.

बिछड़ना है, ना कर आकृति अपनी रोनी.

यही था तुम्हें जीना.

अमृत है यह, लो इन्हें, बस धीरे धीरे पीना

जान, क्या तू अब तक था खो रहा?

कर स्वागत, जिन्हें तू कहीं और था रख रहा.

सुन एक नया राग है उठ रहा.

झुम ,नया ताल लय , अब तक था जिसे सब तुमने झूठ कहा.

अवरोह - आरोह को तो ले जी

भूल तू पहले वाला ,केवल करता था हां जी हां जी.

नए शब्दों को चाहे न गढ़.

समानता ढूंढता कुछ और न पढ़.

उन्हें बस कहने दे.

इन्हें अपने जीवन में जीते रहने दे..

कुछ है बदला.

रुक नहीं तू , इन्हें अपने जीवन में तो ला.

सुन पाएगा तुम हवा का भी गीत.

झील मिलाती लहरों का आएगा भी संगीत .

अब देख तेरे आस पास,-

कितना है सब कुछ जीवंत ?

मौनी मान जिन्हें था बैठा ,कितने वे मुखर कर रहे तेरी हर अज्ञान का अंत?

कितना कुछ नवीन है तुम से जुड़ रहा?

एक नया आयाम ,वह सुन, वह कितना कुछ कह रहा?

जुड़ इतनी शाखाएं ,तुम्हें घना हैं कर रही.

प्रचंड धूप में भी कोई कर ले विश्राम ऐसी छांव वे हैं ला रही.

नवीन अर्थ आ आ कुछ रहे हैं बोल.

समर्थ करने को कितनी राहें रहे हैं तुम्हारे लिए खोल?

# 28. नया क्या तू है कुछ कह सकता

18-09-2019. लोथियन ब्रिज दिल्ली.

सुना है दीवारों के भी होते हैं कान.

क्या हो रहा है यहां मैंने सदा रखे हैं तभी ना सटा कान से कान?

आजकल देखता हूं लोगों को मैं गले में लटकाए कुछ रस्सी सा.

और लोगों का हो रहा है बोलना ,कुछ फुसफुसा सा.

होगा उन्हें कोई डर कि कोई उन्हें ना ले सुन.

ऐसे पता नहीं, व्यतीत हो रहा उनका कैसे कोई भी दिन?

अब क्या नहीं उजड़ रही दीवारों की वह सत्ता?

दीवारों ने कहना किया है आरंभ , लोग क्या कह रहे कहां है उन्हें पता?

क्या मिट्टी या ईंटों के बने घरों में मैं ही दीवारों के होते थे कान.

अब बन रहे कंक्रीट के, वे इस पर नहीं देते ध्यान.

प्रार्थना में रहता हूं करता उनसे, तू सुन तो.

मैंने रखे हैं कान सटा,तू यह जान तो.

दीवार ने कहा तू अपने घर की ही क्यों नहीं सुनता?

कौन सा युद्ध है जो वहां नहीं लड़ा जाता?

पहले आती जाती रहती थी हवा.

कह थी देती , अब है सब बंद ,चल फिर इसकी कर तू कुछ तो दवा.

तब दो दीवारों में होती थी दूरी.

चिंतित रहते थे कुछ भी रहे न हमारे पास अधूरी

नया लगता था जब भी था कान लगाता .

और तब हमें रहती थी जिज्ञासा, तभी हममें से हर कोई था दूसरे को सुनाता .

हमें इतना सुनना है पड़ता ,.

अब कौन क्या कह रहा है हमें होता ही है नहीं पता?

और फिर किसी को भी ,है भी तो नहीं सुनाना.

फिर क्यों यह वार्ता का बोझा अपने पर रखना?

होते थे घोंसले तब कुछ ऊर्जा वे थे दे जाते .

पक्षियों का कलरव गीत हम सुन सुन अपनी सुनी थे बताते.

स्मृति में रहता था तब प्रत्येक का कुछ ना कुछ.

एक दूसरे जब भी थे मिलते, लेते ही थे कुछ ना कुछ पूछ पूछ .

हमारा भी होता था मनोरंजन, उत्पन होता था अपनापन

और साथ ही हम भी करते थे कुछ ना कुछ चिंतन.

लगता था उनसा हम भी उड़ उड़, वह थे ले जीते.

अब है कुछ ऐसा, ऐसे सपने भी हम में नहीं हैं बसते.

कहां कुछ अब नवीन है जुड़ रहा?

छूता है अब अभ्यास, कहां कुछ भी पुराना रहा.

फिर भी रंगों को देख लगता है आया है कोई त्योहार.

लेकिन मिलता कहां है वह पहले यह वाला उत्साह और व्यवहार?

कहां वह जी रहे जो कभी पहले थे जीते?

हम इसे नहीं देते नाम विष या अमृत , जो हम हैं अब पीते.

एक उजाड़ सा है हम में आ बसा .

खंडहर की है भावना, तू कब बरसेगा, वह देख हमें, बस हंसा.

कभी हम में से कोई ना कोई सदा रहता था वहां.

मन रहता था उससे जुड़ा , प्रश्न रहता था उठा, यह वह कैसा वहां, और उसकी वार्ता रहती थी यहां.

आज का सत्य, कई आश्रम आ खड़े हैं हो गए.

तभी फिर कभी के बसे घर हैं अब उजड़ से गए.

नौनिहालों के अब कहां हैं खेलकूद ?

सब कुछ सिमट चक्रव्यू सा बन गया है अभेद.

नया रहा नहीं मिल .

और पुराना भी अब गल रहा है तिल तिल.

तोड़ सकता है क्या तू यह एकरसता?

कुछ नहीं कह तू अपने बचाव में, सुना नया क्या तू कुछ है कह सकता?

# 29. संकल्प

22-05-2022, सोरेल कर्णावती( अहमदाबाद)

कल्पना में नहीं , सत्य में हीं यह विचारा,

अपने को तब बार बार संवारा

क्या हो यदि मुझे पंख उग आए ?

उड़ने की कला भी कोई आ मुझे झट सिखाएं.

आकाश की सत्ता कि मुझे अभी कितनी है पहचान?

वैसे अब तक तो, नभ को लेकर रहा ही था मुझे कितना

अभिमान?

तब से ,वैसे रहा हूं ढूंढ.

मिले कोई गुरु, लू यह उड़ने की कला उनसे सीख और पढ़

.

जो मैं कभी रहता था कूदता .

इस प्रयास में उसकी गणना मैं क्यों नहीं करता ?

क्षितिज पर पल पल फैले रंगों को तो है मैंने देखे.

स्मृति में अब नहीं उनसे क्या क्या हैं मैंने सीखें?

और धरा पर रहने की क्या आ गई है पूर्ण कला?

दिन और रात्रि में ही तो, अब तक हमारा रहा जीवन ढला.

कभी सरक सरक क्या हम नहीं थे चले?

धारा से तभी तो, क्या हम संपूर्ण नहीं थे मिले?

अब भी कूदता- फांदता ,दूर तक जाता ही हूं फिसल.

कितना और कब कहां यह मुझसे कहीं गया नहीं है टल ?

नहीं रहा केवल रट, सनातन और भारत से मैं प्रेम हूं करता.

यही मुझे तो मेरा धर्म है देता.

मानव हूं और मानव ही बना रहना हूँ चाहता.

उत्थान विकास सबका, किसी का अहित ना हो यही मैं पल-
पल हूं जीता.

नहीं मेरी भक्ति अंध

जल से कितना मेरा पुराना संबंध,

जल में ही था और जल से ही आया.

स्मृति में कहां, वहां क्या क्या था मैंने पाया?

पहले देख ही कितना था डरा ?

भूला मैं, यही जल तो ,मुझ में कितना अब भी था भरा?

देख उसे, अब हूं कहता ,तू स्वयं से तो मिल.

नहीं ,चल सकता ना , यह तुम्हारा डरने का खेल.

रहा तब तक ही जल का यह डर.

उत्तरा जब उसमे , पाया आया हूं उससे उबर.

अब हूं किस-किस प्रकार से नहीं मैं तैरता?

उससे वार्ता भी है होती मेरी, यह करते मैं स्वयं से ही तो
हूं अब मिलता.

पशुओं से भी ना पूछो, मुझे कितना है प्रेम?

पर नहीं चाहता एक दूसरे को ले , वे करें अपना योग योग
क्षेम.

स्वयं के लिए भी नहीं चाहता, केवल पशु रहे आधार आहार.

सहमति हो, ना जीए कर एक दूसरे का शिकार.

पेड़ पौधे लगा, रखवाली भी मैं करता.

फल फूल का साथ रहे यह भाव जगा है रहता.

कल खेलेगी ही इनकी सुगंध .

जीवन और निवास का इन्हीं से तो होगा प्रबंध.

अपनी हर उड़ान मैंने इनसे ही जोड़ ही है रखा.

यह नहीं केवल उवाच, यही लिया है अपना, जीवन तो इन्हीं

से है सीखा.

# 30. में यहाँ से दूर नहीँ

21-05-2022, सोरेल, कर्णावती (अहमदाबाद)

वह मेरी ही है झोपड़ी.

कुछ टूटी सी है, ऐसे ही उसे हूं रखता, तभी मुझे उसे दोष
देने की सदा रहती है पड़ी.

क्या किसी का मैं ले रहा यहां नाम?

ढूंढ रहा हूं किसी बड़े से ,जुड़े मिले कोई धाम.

उनके जन्म स्थान की ओर जब मैं गया, क्या कुछ घटा.

वहां जा, निराशा से ही पाया अपने को लिपटा .

उनका भी कुछ-कुछ मुझसा ही था.

लोगों ने क्या क्या नहीं कहा था?

अपने को उदास और ठगा ही पाया था.

और धीरे धीरे अपने और कदम बढ़ाया था

रोका फिर, उनके मित्रों की ओर मेरे कदम गए बढ़.

मुझसा ही वहां सारे , पाया मैं पढ़.

औरों की हर बात वहां हुई विफल.

कार्य क्षेत्र की ओर ,मैं तब उनके गया निकल .

वहां भी किसी को अपने से भी ,भिन्न नहीं पाया.

और स्वयं से मुझे कुछ और कहने भी नहीं आया.

अब मैं रो रहा था , मेरे प्रसिद्ध होने में खड़े हो रहे थे
कितने अवरोध?

मैं करूं तो करूं , कैसे प्रकट विरोध?

कुछ ना कुछ होंगी ही, मैंने प्रश्न बनाएं

लोग तो हो जाते ही हैं इकट्ठे, उन्हें ही बार-बार सुनाएं.

कुछ उनकी इच्छा भी रही .

चाहे उन्होंने एक बार भी यह नहीं कहीं.

यहां मेरे जैसे का ही यहां हो रहा होगा कभी शोर

मैंने भी तभी यह जान, यहां बांध ली अपनी डोर

मैं कुछ भी कहता गया ,वही ले ,वे गए रटते.

सत्य यही, भीड़ ने जब बार-बार इसे है सुना , रहे मानते.

यह भी क्या सदा रहेगा चलता?

जानता कौन सा दिन ,नहीं है ढलता?

विचार उठा, कुछ और ही होगा करना.

जाना जब यहाँ ,वाणी -शक्ति का सीमित होना.

इसने यह बतलाया ,होगा ही लिखना.

अमृत, यदि है प्राप्त करना.

मैंने उसी विशेष व्यक्ति को ले ,लिख लिया.

सावधानी रखी , कहीं उसमें उनका नाम नहीं दिया.

यहां कौन नहीं है बुद्धिमान?

वे झट जान लेंगे उसे, और मुझे देंगे ही सम्मान.

क्या होंगी ढेरों पंक्तियां उड़ेलनी?

स्मृति में रहेगी लोगों की , तभी जब कुछ पंक्तियों में ही
हुई हो वह कथनी .

कुछ ही शब्द रखें हर पंक्ति में.

गेय रहे शब्द, जो थे उक्ति में.

अब उनका हर विरोधी यही रहे गा.

वह प्रसिद्धि दे रहा मुझे ,भागा भागा.

मेरा हित तो रहा अब सध.

लोग करते रहे चाहे ,आप विरोधियों का वध.

मैं यहां से दूर नहीं, अपनी वह बात है चल पड़ी.

कहीं कोई तो कह रहा , क्या है मैंने अपनी लड़ाई लड़ी?

# 31. गीत पता नहीं कब सीखे

23-05-2022, सोरेल, कर्णावती (अहमदाबाद)

वहां कुछ ही लगा देश सा ,

शेष पूर्णतया विदेश सा

जहां में कभी गया नहीं.

और यहां भी उन्होंने कथाएं की कथाएं कही.

आरंभ है कहीं तो, अंत भी तो होगी ही कहीं वही.

राह है उसे तो नहीं चलना, चलेगा तो उस पर केवल राही.

पूछा तो मैंने, लेकिन उसकी अपनी थी भाषा.

ना मुझे दिखी उठती आंधी ना नहला कर

गई मुझे वहां प्रसन्नता की वर्षा.

नावे मैंने कभी कितनी थी बहाई ?

यहां की उठती लहर, कहाँ कब इस काम है आई?

दूर जा जा भी देखा.

कहां कभी मिला वहां कुछ भी सुखा?

गीतों की कुछ पंक्तियां उभरी.

वे चोट, कुछ कर गई गहरी.

तभी लगे, मेरे आंसू गए हैं सुख.

लेकिन ,क्या मुझे हुआ इसका कुछ भी दुख?

आंखों को मिला मैं करता रहा स्पर्श.

क्या पता, तब वे मुझसे कर ले ही कुछ परामर्श?

कोई ना कोई प्रमाण में रहा था ढूंढ.

पहले के परिचयों से उभरे प्रतीकों को ही -

चाह रहा था कम से कम यहां लूं मैं तब पढ़.

समानता- असमानता का यहां चलता रहा वाक् युद्ध.

फिर भी कहां कुछ मिला यहां शुद्ध?

मैंने अपने को अकेला होने की, की घोषणा.

प्रेम ही प्रेम फैलाया, नहीं देखी तब उठती यहां घृणा.

भीड़ में भी कभी कब भीड़ सा था रहा ?

अपरिवर्तित वैसा ही तो वहां भी कब नहीं रहा ?

मैंने स्वयं से सदा यही तो कहा.

कुछ ऐसे ही हूँ रहा

अतिथि सा कब कहीं गया ?

लेकिन यह भी सत्य है स्वयं के लिए स्वयं हीं बना रहा

अतिथि ,नहीं क्या?

प्रश्नों की गठरी ना कभी खुली .

वैसे कभी कुछ और बांधते ही वह सदा मिली.

केवल भार ही रह रहा था बढ़.

पता नहीं और कितनी ,अज्ञानता का बोझ मुझ पर रह रह

रहा था चढ़?

यदि आदि है तो पता, तो कहूं अंत है अनंत अनंत.

नहीं हो रहा अब इनसे भ्रांत.

परछाई वह उसकी ,लेकिन नहीं वहां उठ रही कोई पुकार ,

लेकिन मैं कब खुल पाया अपना ही द्वार?

कहीं कुछ सरगम के से थे बोल रहे उतर?

देने संगत , कुछ वैसा ही तब हो रहा था मेरा स्वर .

मेरी अपनी छाया भी रही थी फैल .

लगा कहीं कली सा था छुपा , अब मेरी एक एक पंखुड़ी रही

है खिल .

अब लगा , धरा पर ही मैं नाव रहा था तब खे.

गीत है ,पता नहीं कब सीखें, मेरे शब्दों ने तो इन्हें पहली बार अपने साथ रखें?

# 32. मेरा रुंध नहीं रहा है स्वर

20-05-2022. सोरेल कर्णावती (अहमदाबाद)

पता ही नहीं, क्या ढूंढ रहा हूं मैं?

क्या कहूं सत्य में, हो गया हूं मैं?

पहचानू कैसे, दूर-दूर तक कहीं नहीं दिखता है कोई पेड़?

सत्य नहीं यह हो सकता , तो क्या यहां कोई मुझे रहा है छेड़?

वह भी तो मुझे नहीं दिखता.

कोई पत्र भी तो नहीं लिखता ?

क्या साथ देने उसके अकेला नहीं हूं मैं,

लेकिन यह भी तोह है, क्या पता कहाँ हूँ मैं?

यह उद्गार मेरे भीतर रहता है अब तक उगता?

कभी कभी कुछ है भी ऐसा कहता

उठती ध्वनि अपनी भी तो नहीं लगती.

वह फिर किसकी है रहती

वैसे अपनी सुनी ही कब दबी दबी एक ध्वनि उगती अब भी है आती?

कुछ है ही बताती

पहचान मुझे इसकी भी तो नहीं है.

वैसे मैंने कब कुछ अपनों से कही है?

दूर तक मुझे मिला सब कुछ दिखता.

रेत का टीला ही फैलता ,बढ़ता है मिलता.

नहीं दिख रही यहां कोई पगडंडी.

राह आया मिट गई है लगती ,क्या यह कह रही यहां नहीं
लगती ऐसी कोई मंडी?

क्या उसे मुझसे लगता है डर?

तभी रेत ने लिया है उसे भर.

कहीं कोई सीमा अंकित करता , पत्थर गड़ा भी तो नहीं
मिलता?

तभी क्या,. रेत हर पदचिन्ह को मिटाता है रहता?

या हो रहा मुझे दिशा भ्रम.

पर रुका भी नहीं है मेरा चलने का यह क्रम.

आज नहीं जब रहा है मित्र, कुछ भी मिट

कैसे फिर कोई विचार जाए कल पर सिमट?

फिर भी ढूंढ रहा हूं मिले कोई भी तो अवरोध.

मिले तो तोड़ने के लिए, करूं तो स्वयं पर क्रोध .

क्या मेरे पास आज कोई नहीं है सपना?

या भाग रहा कोई ढूंढना ले मुझे अपना?

यह मैं क्या नहीं अपनी यह एक पहचान बना रहा?

वैसे यह करने के लिए मुझसे किसने है कहा?

यह है क्या एक मृग मरीचिका उभर रही है मेरे मन?

वैसे डरता नहीं झूलसे चाहे मेरा कितना भी तन?

कुछ और भी पड़ रहा है सुन.

विश्राम कहां चाहे आहत हाथ होता रहे मेरा तन मन?

एक ही आयुध अपना.

रुकना है हार और चलना ही है जीतना.

किसी शाम की स्मृति ओढ़ लेती है यह धूप.

शीत लहरी कभी की इस जलती गर्मी में-

होने नहीं देती मुझे कुरूप.

वही रहा है त्याग जो नहीं है मेरा अपना.

उसे फिर क्यों अपने से कभी बांध कर हो रखना?
मेरा बोझ ही तो रहा है उतर?
यह भी सत्य है ,मेरा रुध नहीं रहा है स्वर

उसे फिर क्यों अपने से कभी बांध कर हो रखना?
मेरा बोझ ही तो रहा है उतर?
यह भी सत्य है ,मेरा रुध नहीं रहा है स्वर

# 33. पत्र वह कुछ कहता हुआ

16-05-2022, सोरेल, कर्णावती (अहमदाबाद)

जब से मुझे मिला है एक पत्र.

मान बैठा हूं , कोई है कहीं अपना भी मित्र?

प्रयत्नशील हूं, ढूंढ रहा हूं ,यह गया है कब लिखा?

कहीं तो कोई दिनांक कुछ भी अंकित करने हेतु होगा रखा.

पत्र में कोई घटना हो वर्णित, ऐसी वही कह दे.

रहस्य वही मेरे लिए खोल कर रख दे.

यह कोई समाचार पत्र था क्या?

लेकिन पत्र अवश्य था आया

ऊपर नीचे इधर-उधर देखा कुछ भी मिला नहीं

देखता रहा कुछ हो कहीँ

आजकल मिलता कहीं क्या कोई घोंसला जिस में रहती हो वया?

यह प्रश्न क्यों मुझमें , पता नहीं उतर है आया

मेरी दृष्टि अब थी पेड़ों पर, देर तक वही रहा अटका.

घोंसला जमाती कहां वया, पता नहीं किसने अब केवल दिया है भटका- झटका?

कम से कम यह जानना था कहां से गया था लिखा?

पत्र में तो नहीं उल्लेखित, कुछ भी नहीं था इसका चिन्ह रखा.

डाकघर का ठप्पा भी नहीं था स्पष्ट.

मैंने भी अपने पत्र में जगह को खोलने का कभी किया नहीं

था कष्ट?

क्या डाकिए(पत्र वाहक) से जा लू पूछ?

क्या मेरे लिए यह अच्छा रहेगा कुछ?

खोलते हुए पत्र का कुछ भाग गया था फट.

वह टुकड़ा रख लेना था ,तब यह विचार नहीं आया था मुझे झट.

अब मेरे लिए यह था एक सत्य.

फिर भी लगा उसे ढूंढने, क्या पता वही मिल जाएं न कुछ तथ्य?

पत्र में नहीं थी कोई लिखी कुशलता की कामना.

ना ही कुछ ऐसा था, जिससे पता चले , स्वयं के लिए था उसे कुछ भी कहना.

कुछ वाक्य थे इधर उधर बिखरे बिखरे.

पढ़ा जब उन्हें मुझे चोट लगे गहरे गहरे.

जो भी था, वह किसी के लिए भी था हो सकता .

जो अंकित था, वह किसी भी स्थल, प्रदेश, या देश का अभिन्न हो था कहता.

वहां कोई काल नहीं था संदर्भित .

ना ही कुछ ऐसा मिला वहां जिससे , व्यक्ति विशेष मिले होता आरोपित.

फिर भी उसमें परिलक्षित हो रही थी एक विशेष प्रकार की पुकार.

लगा था यह ,उसका सत्य में ही अधिकार.

अब तक था रहा इसमें संबंध ढूंढता.

जाना पहली बार, स्वत: है ही होता है यह प्रगट, और फिर वह कभी नहीं टूटता.

इसमें क्या था किसी का आह्वान?

पढ़ते लगा जैसे मैं कर रहा हूं कोई ध्यान.
काल जो हो गया था व्यतीत.
वही तो था अब मेरा अतीत.
वह उसके लिए था मौन.
अब लिए तो रहना होगा , कहने हम कौन?
उस और के लिए तभी हम पड़े निकल.
हर पल कुछ है ही करना , हम हैं विकल.

# 34. स्वीकार अस्वीकार

17-05-2022. सोरेल, कर्णावती (अहमदाबाद)

है अब भी वही , श्री कृष्ण जी और श्री सुदामा जी की मित्रता.

चलते हैं अब भी मिलने ,तभी आ घेर लेती है किसी और की शत्रुता.

फिर ठहरे लोग ,क्या कभी है मिलते?

कभी ना कभी पहुंच ही जाएंगे क्या तभी ये अपने पते नहीं लिखते?

संदेश अब भी वहीं कहीं है ठहरे?

कुछ और पल इस छाव में रह ले ,क्या तभी वे उतरते नहीं गहरे?

किसी और से तो कुछ कह भी नहीं सकते.

अपने परिचय से जब यहां दूरी हो रखते.

अब यहां, भीड़ है इन्हें रोके.

मेरा करें ,नहीं मेरा पहले ले आवेदन यही तो वे कहें.

वे यह बोझ , अब कितना ढोये?

उनमें तब.,वह उत्सुकता सोये.

द्वारपाल है सजग ,

उसका उत्कंठित है रग-रग.

क्यों हैं ये ,आये यहां.

त्रुटि क्या हुई , और हुई भी तो कहां?

वह अब दंड रहा विचार.

प्रार्थना ,इतने लंबे वाक्यों को जोड़ जोड़ रहा रख ,इन्हीं से

दया की लगाएगा पुकार.
प्रतीक्षा में कब यह भीड़ छटे ?
वहां जा ,तब समक्ष ,कैसे भी कहने के लिए रहे डटे?
मित्र की कुछ और ही कठिनाई.
कुछ तो लिख लिख रहे दे, और शेष ने झट अपनी सुनाई.
बोझ इन पत्रों का तो वे ढो लेंगे .
पता नहीं, बचा लो वालों का क्या कार्य निर्वहन कर पाएंगे ?
यह भीड़ जा नहीं सकती साथ ,
पुकार रहे भगवान को, समक्ष करें हमारा कार्य नाथ.
भूले वे ,सुनते ही यदि वे कर देते अर्पण .
उनका भी यही से हो जाता समर्पण.
उनका जब अपने से सा है मिलना.
फिर यह हो जाता व्यर्थ ऐसा कुछ भी का यदि वहां उपजना.
एक को रहा है सब कुछ दिख .
दूसरा दूरी ही, रहा है लिख .
भूले वे अवतार अंश.
वामन रूप क्या नहीं देता उन्हें दंश.
उनके लिए मित्र का यह रूप नहीं.
वे कुछ सक्षमता ले , अब भी वहीं कहीं.
भीड़ रही है बट .
यहां वहां ,कुछ जा खोल रही है अपना अपना पट.
बढ़ें भी तो क्या यह होगा स्वीकार?
प्राप्ति के अधिकार को उनके लिए क्या अंश मात्र भी नहीं
उपजाएगा ,वे कर रहे अस्वीकार.

# 35. वर्षा

12-06-2019 पुणे.

उनको आप की प्यास को भी तो देना है मान.

पेड़ पौधों को भी तो करना है स्नान .

बच्चों ने कहां मना किया, चाहते बादल रहे छाये.

बरस बस, रात में जाये.

फिर कैसे दिखेगा मोर- नृत्य?

कैसे और कब, होगा नाव बहाने का कृत्य?

क्या तब वे देख पायेंगे इंद्रधनुष?

कहां पता चलेगा , वर्षा के बाद, कितना फैला होता है, हर
ओर हर्ष?

नहीं हो पाएगा , तब वर्षा में भीगना.

और वह आनंद, छप छप करना.

पड़ा कोने में उदास उस छाते का क्या?

हरियाली पर भी तो करो दया.

पता तो तभी चलेगा, छत कहां- कहां से है टपकती?

यह तो तभी देखने को है मिलती.

नहीं चाहते निद्रा हो भंग .

स्वच्छता अभियान में मिलता मिलता ऐसे ही संग.

कितना , किसी से नहीं बनता इसका योग?

है यहां ,क्या यह केवल एक संजोग?

मिली पास में ही बरसती .

रहा सूखा यहाँ क्या यह उसकी नाराजगी है कहती?

कितनी कृतियां दीवारों पर हैं उभर आई?

किन संदेशों को प्रकट करने उसने यह है बनाई?

विदा होते भी, स्मृति में रह ये साथ निभाये.

उनकी कथा में भी क्या हम ऐसे स्थान पायें?

और वह झूले का संग.

गीतों में उगे ,जागे उमंग , फिर साथ कौन-कौन से नहीं अंग?

वह पहली बरसात आ , क्या गई सुना?

कुछ द्वार थे ही नहीं ,अब वह उन्हें गई है बना.

धुआं धुआं सा कुछ पहाड़ की इस ओर बन है छा गई.

खुली खिड़कियों से निभाते संबंध कक्ष में भी है वह आ गई.

हवा के साथ चल रही है उसकी दौड़.

राह सीधी है उसकी , देखें क्या करती है जब आ मिलती है वह किसी मोड़.

ना कह, कल फिर आना.

आज अवश्य तू जी , क्यों, कहीं हो जाना?

अभी-अभी मेरे पैरों में आ बसी है एक उमंग.

नृत्य पर ताल दे , वर्षा ऐसे दे तू मेरा संग .

धूप का वह तेरा आमंत्रण .

बस तु, केवल ठहर ना एक क्षण.

वह भी जो, जी ले.

वर्षा अवसर है ,तू अपनी भी तो कह ले.

आज सुन ना किसी की .

बस तू कर ले अपने अब मन की

# 36. गुंगा

20-03-2019. नोएडा

मौन था, एक नाम था.

गूंगा सा, कितना काम था?

सीख ली ,जबसे भाषा कुछ इनकी.

बदली बदली दिखती है अब राह सबकी.

होता था अंधेरा, कह प्रकाश थे बताते.

आधी रात को भोर हो गई कह उठाते.

जब तक पक्षियों का कलरव सुनने में आता.

हमसे कितना खेत गुड गया, हर कोई देखने था आता.

श्वेत बिंदुओं को अपने पूरे शरीर पर छलकता पाता

चंद्रमा और सितारों के साथ सूर्य को उगते था तब देखता.

किसकी नहीं क्या थी, जो भी थी ,वह थी बनती बढ़ती दूरियां?

कहना दे कुछ और, उभरती थी उनके वाक्यों में केवल रिक्तियां ही रिक्तियां.

दर्द होता थोड़ा सा भी कुछ ना कुछ कह लेता.

लेकिन, अपनी भूख रहा मारता और सहता.

बोझ कितना भी हो, वह अपना था कार्य.

जलावन इकट्ठा करने में भी, कितना भी जलु ,

रखता था पूरा का पूरा धैर्य.

लंबी सामानों की सूची पकड़ा दी जाती थी मेरे हाथ.

कभी-कभी कोई आ भी जाता था मेरे साथ.

और फिर एक दिन, कुछ लोग मुझे नगर ले आए.

वह भीड़, वह नगर देख हम कहां कुछ समझ पाए?

उन्होंने बिचारा, मेरे कई अंग ,

-मेरे लिए थे अनावश्यक.

फिर निकाल , दिए जिनके लिए वे थे आवश्यक.

आंख एक भी है देख सकती.

रक्त वैसे भी कहां है ठहरती?

अब बार-बार में नगर था आ रहा.

जिनसे था मुझे जुड़ना ,ऐसे उनसे मिल भी था पा रहा.

गुर्दा जब लिया.

गुणगान किया, कितना पुण्य मैंने अर्जित है किया?

वे कह रहे थे मैं नहीं हो रहा खोखला.

थी सुविधा, लेकिन कभी भी मैंने अपने को नहीं तौला.

विदाई सबकी है होती, मेरी भी हुई.

वर्षों बाद जब मैंने अपने को देखा, मैं था अपनी तब क्या
कहूं कितनी परछाई?

अभी सीधा, तना में था चलता.

विनय शील हो गया हूं, चलता हूं जो अब झुकता.

कभी भूख में जो भी मिलता था, चट कर था जाता.

अब मेरा पाचन तंत्र, क्या क्या नहीं मना है करता?

तब कार्य संपन्न करने कि मुझ में कितनी रहती थी शक्ति?

अब खड़ा होना, मेरे लिए कितनी कठिन है जैसे पैदा करना
हो एक भक्ति?

नहीं समझता, कैसे कुछ एक आध वर्षों में, मुझ में आया
है इतना परिवर्तन?

यह कुछ वैसा ही, जैसे कुछ का मौसम की तरह बदलता
रहता है समर्थन.

# 37. प्रतीक्षा में

21-03-2019( होली), नोएडा.

वैसे तो कह तो मैं भी आया, आता हूं.

मेरे घर का आंगन ,मुंडेर और नीम का पेड़ पूछता है ,कहते यह, मैं इस समय कहां हूं?

होली में वे धरने पर हैं बैठे होते.

और दीपावली पर केवल परछाई है देखते.

जब कभी खेलों की वार्ता है चलती .

मैं हूंगा वही कहीं, उनकी आंखों में एक आशा रहती है उभरती .

खपरैल की छत पानी चुने नहीं देती.

दीवारों को भी तुम रहो ऐसे ही, वे है कहती.

द्वार के पल्ले कहीं जर्जर ना हो जाए?

करनी है प्रतीक्षा, वे उन्हें मनाएं.

बोलता है, बैठका वह साथ वाला.

कुछ पुस्तकों का, वह अब भी है रखवाला.

स्मृतियां हैं यहां उनकी.

कोई उठा ना ले , और दृष्टि से बचे रहे वे सब की.

कहते वे, देखो धूल भी नहीं जमने हैं हम देते.

जालो को मना भी हम ,देखो कैसे हैं करते रहते?

है कहां नहीं झरोखा?

उसने भी , कहीं और नहीं, सदा साथ और हमारी ओर हो है देखा.

हवा को दूसरी दिशा वह है दें देता.

वर्षा की बूंदों को पता नहीं क्या समझा दूर है रखता?

और वहां पास में बना कबूतरों का घर.

कुछ अधिक नहीं जानता, कैसे हैं उन्हें मना लिया है तू भी
दूर ही ठहर.

अब चाहे बरसों से उन पर कोई कहां और रंग चढ़ा?

लगता है उन्हें भी इसने कुछ और ही दिया है पढ़ा.

पल्ले बस उसके अवश्य रहे हैं लटक.

वैसे कभी-कभी कुछ कबूतर और पक्षी आ भी जाते हैं इधर
भटक.

और वह नाद जहां अपना अड्डा था जमता .

है उसका छत , चाहे वह है अब टपकता.

और पास का ही ,वह पानी का नल.

अब भी उसकी शीतलता ,करती रहती कल कल.

और वह दूर खड़ा कभी का आम और शीशम का पेड़.

भूल गए क्या, कैसे नीम को दे दिया छोड़?

सुना है कोई भी अपने को बचा नहीं पाया.

जब कुल्हाड़ी ले कोई ,उन्हीं के पास अपना ही आया.

वहां का चबूतरा अब भी मेरी बात है करता.

आपस में उनका कहना सुनना तो है चलता रहता.

और वह पास का ही , छिपता सा अलाव .

अब चिन्ह ही है वहां शेष, कोई कहां वहां अब उतना है
बैठता, पनप और फैल रहा है केवल दुराव.

है या वे अब नहीं, लेकिन बसे हुए हैं वे मेरे अंदर.

उनकी स्मृतियां मेरे भीतर करती रहती हैं हलचल और उठती
रहती हैं लहरें जैसे बसा हो मेरे भीतर गहरा सा एक समुंदर.

# 38. अभी रहने दो हमें बने जड़

22-03-2019. नोएडा

भोर जब अंगड़ाई ले है उठती .

क्षितिज पर आने में लालिमा तब कहां देर है करती?

किरणें धरती पर फैलने के लिए मचल है उठती.

और जब जल का तल है मिलता, उनका नृत्य तब कहां है रुकता?

हवा जो अब तक थी सोई ,वह भी है अब जागउठती.

गुदगुदा गुदगुदा, कितना कुछ वह तब जगाने हमसे है कहती.

सपनों को देखो , तभी वह है आ बसंती .

और क्या कहे, क्या क्या नहीं वह साथ में अपने अपनी रखती ,

होती है मीठी सी ठंड .

खींच चादर लेते, किसी के जगाने पर , कहते हम कल लेंगे पढ़, अभी रहने दो हमें बने जड़.

वे कौन है जो प्रतिदिन शोर हैं करते?

क्यों कभी मेरे स्वप्नों के मित्र नहीं बनते?

कोई जब आ जगा ही है देता.

बस थोड़ी देर और, कुनमुना हमारा करवट है बदल जाता.

कभी सपने हमारे साथ ही है ,हम पाते.

शेष दिनों में पता नहीं, वे क्यों कहां है खो जाते?

कर अंजुलि का दर्शन.

इनका ही मुख पर करा स्पर्श ,देखते हैं उषा का प्रदर्शन,

आलस अभी है रहती छायी पूरे तन.

खोया खोया रहता ही है मन

खुलती तब भी कहां है पूरी आंखें?

रहती है चाहत, इन पलों को कुछ और देर ऐसे ही रखें.

मां धरती को करते प्रणाम.

धीरे-धीरे धरा पर पावों को रखने का करते हैं काम.

मुस्कुराते हैं, आज नहीं हम भूले .

चल पड़ते हैं लेने आशीर्वाद ,अपने झोले में उन्हें हम डालें.

कर कर चरण स्पर्श, होता है कितना हर्ष?

ऐसे ही तो जीवन में मिलता है उत्कर्ष.

यहां आदेश नहीं होते हैं ,किसी के लिए पारित.

आवश्यक जो है ,वह है ,नहीं है कुछ भी संभावित.

यहां मुस्कुराहट है, और मिलती है गुदगुदी.

स्नेह ही स्नेह यहां जाती है लादी.

होता है कुछ खेलकूद और दौड़.

जहां होता जाना ,वहां कोई अपना आता छोड़.

अब अपने साथ अच्छा है, और कक्षा है.

कब नहीं यहां पठन-पाठन और परीक्षा है?

सरल सा ही है सब लगता.

कौन सा पल यहां ,नया कुछ नहीं कहता.

कभी होती है फैली धूप ,और कभी: मिलती है बादलों की छांव.

लू हो बह रही या बरसा है हो रही ,देती तो दोनों हैं सदा एक ठाव, बहाव.

फिर जब हैं ऐसे पल मिलते.

कब नहीं है हमें गुदगुदाते हंसाते?

# 39. यह वह

23-03-2019. नोएडा

अब डरा दूं ,और यह भी हो सकता है सिखा दूं,

एक सत्य है, चाह रहा हूं क्यों नहीं वह जता दूं ?

कब कल था कभी?

ना प्रतीक्षा ही भी नहीं कर रहा, कल की अभी.

वैसे हूं कहां पर, बता दूं ,अब पर हूं बैठा.

जब से किया है यह स्वीकार, तब से फिर कहां कहीं हुंकार है उठा?

कभी कथा सा ही हां था मेरा जीवन.

कुछ अपना भी हो, तब ऐसा ही हो करता रहता था अपना मन.

अब जब ज्ञान से हो गया हूं समर्थ.

लगता नहीं, उस अपने विगत का कुछ भी है अब अर्थ.

ना अब कहीं है कोई राह, ना ही कोई राही?

कोई भी पल, स्थिर, मैं यही.

कोई भी किसी भी आयाम को ले आये?

उसमें,, मुझको वैसा ही सदा पाये

हर वय की अब भी और कभी भी यही कहानी.

जो भी आता, उसे अपने अपने परिप्रेक्ष्य से होती है यही बतानी.

सुन सुन, यह वह, कहां उसने कुछ और सीखा?

फिर कैसे वह, तभी किसी को कभी कहां वह भिन्न दिखा?

मिलता वहा, मिलन बिंदु का होता कितना सुंदर है दृश्य?

फिर भी हम, क्या वहां नहीं होते रहे अदृश्य?

कह क्या बचा सकते हम, परिवर्तित आयाम?

कितने भी हो भाव शब्द, यहां जानते उनका नहीं है कोई काम

जो है नहीं ,उपस्थिति यहां .

उनका संपूर्ण, है मिलता वहां.

कैसे एक ही पल, ,और मिलता वह, यहां वहां कितना भिन्न?

फिर क्यों ले बैठे रहे इसे मान अभिन्न?

एक ही पल क्या यूं कहें?

हम है भी और नहीं भी , यही क्या शब्द रहे?

कब नहीं साथ तुम्हारे कुछ तुम सा?

उसी पल में स्वयं , अब वह कुछ भी अपूर्ण सा.

ना ही कहीं भूत, नाही कोई रेखा भविष्य.

तू देख तो, केवल मैं अब दिखा रहा अब का दृश्य.

कितना कुछ यह सरल है?

मैं ना कहूं या ना कहूं, बस जान, यह केवल यह एक तल है .

चल रहा कौन -सा, नहीं किसका पल है?

हमे संज्ञान , वह कहां कुछ और, एक अपल है?

तू कहता क्या रहा नहीं चल.

देख तो ,क्या नहीं है अचल ?

दृष्टि अपनी खोल और तू उससे देख.

भूलकर भी ना पढ़ , किसी आयाम का वह सीमित करता कोई लेख.

# 40. पल कथा

24-03-2019 . नोएडा

एक दौड़ है जो मेरी कभी पूरी नहीं होती.

मैं कहूं या ना कहूं ,नींद मेरी सदा यही तो है कहती.

दीवारों ने पहचानना है दिया छोड़,

मैंने कहाँ अब अपने को दिया है मोड़

कुछ भी कभी नहीं हूं कह पाता.

डर का कुछ ऐसा वातावरण चारों ओर निकला भी नहीं जाता

.

जिनके पास उनके अपने नहीं विचार .

विचरण वही कर रहे औरों की ले ,वही उनके लिए समाचार.

क्या उनके वे अर्थ उन्होंने अपने से हैं लिए ?

उन्हें पता ही नहीं, कहां कभी किसी को उसने जीवन है दिए?

वह कब नहीं उनमें एक लौ सी रहती है उठती सुलगती?

सुने कोई तब , जब वह कहती, यह होता तब जब वह बुझती.

लगी है प्यास ,पता नहीं वहां कौन सी?

बुझी कहां, वह बस सुन पड़ती है उसमें एक उठती वीभत्स हंसी?

जो गिरे धारा पर थे.

पता नहीं किसके किसके दर्द में थे?

आमंत्रण पता नहीं किनका किनका था रहा?

वह कह पाए कहां,इनका उनका वहां फैला मौन ही रहा?

कल जब कोई और आ गया?
वह पल तब इनका कितना रह गया?
आकृतियां आयी और गयी.
प्रकृति कब नहीं रहती विजयी.
कितनों की नहीं रहती है होती बातें तारों से?
चला है कौन नहीं कभी ले इन्हीं शहरों सहारों से?
जो है दिखता वह कब कल है?
मेरे साथ पकड़े हाथ उनका कभी भी आज का पल- फल है.
इन्हें सदा कौन नहीं रहता अपने में उतारता?
कुछ-कुछ कब नहीं रहता डरता??
किसका कल , किसके पास और अपना पल कितना अपने
पास ?
क्या यहां पैदा करता नहीं एक अविश्वास?
है कुछ संस्कृतिया मेरे भीतर पनप रही?
तभी क्या मेरे पास सदा एक तड़प है रही?
है आमंत्रण, आ इसे बस ग्रहण करो.
सर्वस्व है तुम्हारा, बस तुम इससे अपने को भरो.
नहीं मानता कह पाया पूरा.
जानता यह अभी भी है कितना अधूरा?
तत्वों में तुम हो अब भी उलझे.
जाओगे परे , तब यह भी जाएंगे सुलझे और समझें.
कौन सा पल, यही कला नहीं है सिखाता?
कौन यहां नहीं किसी भी पल नहीं रहता सीखता?
अब भी क्या कहीं और रहे हो ढूंढ?
अंदर यदि करो प्रवेश, तभी तो पाओगे पढ़?
फिर क्यों राह पूछनाऔर लक्ष्य कहांजहां है पहुंचना?
सरल उपाय , छूटे सब तब होगा उससे झट मिलना जुड़ना.

# 41. कभी के अपने के समीप

25-03-2019, नोएडा

एक नन्हा अपरिचित मुस्कुरा रहा है, स्वभाव है.

अपनों को छोड़, दिखता कहां औरों मे अभाव है?

कुछ भी कहे, सुर लगता, वे दे देने लगते हैं थाप.

अंगुलियां बंद ही हैं:रहती ,जब वहां होते हैं आप.

कथा हो गई है बंद फिर भी वे भर रहे हैं होते, हूंकारी.

कहा उन्होंने ही था कथा सुनेंगे, उनकी नींद अब उन्हें कितनी है प्यारी?

अपनापन की परछाई भी कभी देखी नहीं.

फिर भी अपना पिटारा खोल बैठे रहे वही.

कल्पना की सजीवता.

कैसे हैं होती उनके शब्दों को पता?

और राह की वह अपनी पुकार.

दिखे थे कभी-कभी कुछ खुले द्वार.

मिली थी कल कल करती कुछ धाराएं.

फैली थी सुगंध रह रह के थी वे हमें बुलाए.

देखी थी हमने पत्तों का नृत्य.

जीया था आंधी सी चलती हवा का वहां कृत्य.

मिले थे हमें कुछ उड़े छत.

वह कुछ ऐसा ही था, कैसे उड़ाते हैं हम हैं विरोधियों का मत?

यह भी सदा की तरह क्या है कुछ कहते?

बच सकते हैं क्या कह हम यहां नहीं रहते?

फैल रहा था वहां मेरी सांसो का वह स्वर.

क्या वह प्रकट नहीं कर रहा था मेरे भीतर उपजा है एक डर?

यही है मेरी अब की सोच.

स्मृति में बसी, अब भी कभी-कभी मुझे देती है नोच.

दिखती नहीं तो क्या, वह है?

प्रार्थना करती कि वह कभी की कह है.

छिछली सी नदी है , नाव की कल्पना से हूं करता पार.

तब क्या नहीं रहता डर सा कुछ मेरे इस संसार?

नदी रहे सदा भरी यह मेरी है प्रार्थना.

नाव का तब आवागमन के लिए होगा ही वहां रहना.

मेड़ों पर चलता , कुछ ना कुछ साक्ष्य हूं रखता.

जल भरने के लिए बने नालियों को बनते बिगड़ते हुए भी हूं देखता.

अब वह अकेला पेड़ मुझे नहीं डराता.

जा मैं उसके समीप, कभी-कभी उसका अकेलापन जो हूं दूर करता.

है वह एक प्रतीक चिन्ह, उस स्थल का हमारी अपनी वार्ताओं में.

क्या कहूं ,अब उस का कितना योगदान हमारी कल्पनाओ में, वह है अब एक हमारे कर्ताओं में.

स्मृति में है स्वाद, कभी के खाए उसके टिकोरे.

कितनी दूरियां र हम कर लेते हैं पार उसके सहारे?

कुछ तो अब भी है हमारा वहां से जुड़ा.

चाहे वहां से हूं उखड़ा

# 42. क्या ढूंढ रहा स्वयं को?

26-03-2019. नोएडा.

मैंने पूछ ही लिया नाम.

उत्तर में मिला ,क्या है आपका काम?

अब जब जो कुछ करता आरंभ.

जो कहता स्वयं के लिए , क्या लगता नहीं यह उन्हें मेरा यह दंभ .

सुन बस मुस्कुराया.

कहा फिर और कभी, आज वैसे ही यहां था चला आया.

क्या अनाम हूं मैं?

लेकिन जुड़े इस पल इस स्थल , क्या नहीं एक अवसर से हूं मैं ?

ऐसे में कुछ यही उन पर भी लाद दिया .

और जब, फिर मैंने एक नाम लिया.

पा लेता, अन्यथा यदि कुछ रंग.

क्या हो ना लेता उनके संग संग?

तब क्या प्रसन्नता से भरा नहीं होता मेरा अंग अंग?

और जहां भी मेरी दृष्टि पड़ती , वहां मिलता फैला क्या नहीं उमंग ही उमंग?

क्या तब झट ,नहीं वही ऐसे में कभी ठहरा?

पहले क्या था मैं नेत्रहीन या बहरा?

आया है मुझमे यह परिवर्तन कैसा?

ढूंढ रहा हूं कैसे यह उपजा मुझ में सहसा?

क्या यह पहले से ही , छुपा बैठा था मेरे अंदर?
फिर क्यों इतने बरसों लिया इसने आने में बाहर?
मैं सुन रहा था पतझड़ में पद, मेरी अब प्रीत यही कह रही
एक मीठी उष्मा मानती है अपने को वह धीरे-धीरे उतर रही
बसंत का संगीत.
कौन सा, पल स्थल , जिसमें नहीं यह था मेरा मीत?
उठ रहा एक अतुलनीय संगीत
आनंदित हो रहा था पा हवा का हर स्पर्श.
चिपका जा रहा था, पा उस अपनापन का परामर्श.
एक मीठी सी उष्मा , मानती वह रही उतर बिखर.
अब पद मेरे पृथ्वी पर कहां, कहती वह
वह गई है यही कहीं पसर ?
कल तक था पेड़ों पर चिड़ियों का घोंसला , वे देती थी जगा
.
कटवा भी दूं ,तो क्या सपनों में ही रहूंगा लगा ?
अब जब अपनापन है जाग उठा.
जब तक मिलन ना हो जाए, मेरे लिए क्या वह नहीं रहेगा
वहीं बैठा?
कलरव करती ,जीती चिड़ियाएँ
मन में सदा रहता है कुछ और आ आ अपनी घोशलाएँ
बनाएं .
कुछ और ,पेड़ पौधे ला हैं लगा दिए.
छाया दें, फल लगे, इन्हें ही तो अपनाएं.
दिखेगा जब इन फूलों का रंग ही रंग.
कितना कुछ होगा यहां जब होगा सब सुगंध संग.
मन किसका यहां नहीं जाएगा मोह?
इस वार्ता से स्वयं में ही उठ रहा है अवरोह और आरोह .

अब मैंने इन्हें नाम भी हैं दिए.
अपना एक को, और शेष पर उनके हैं लिख लिए.

# 43. एक आरोप की व्यथा

27-03-2019. नोएडा

विष मैं नहीं था पीता,
मैं नहीं पिलाता.
अधिकांशत: मौन ही था रहता, लेकिन कभी-कभी कह भी
था देता.
लोगों ने तब अपना नाम बदल दिया.
लाभ कितना इससे ,पता नहीं मुझे, क्या क्या नहीं उन्होंने
अपने में भर तब लिया?
कहां जान पाए जबकि वे परीक्षण में होते रहे सम्मिलित?
क्या धीरे-धीरे वे अपने को करते नहीं गए थे कीलित?
अब पूर्वजों का वह हर ज्ञान.
कब दिया सम्मान ,मान वह था जब अज्ञान?
कर वह सब अब विलुप्त.
फैला रहे, वे हो गए हैं सब तृप्त.
आरंभ तो हुई है अब विनाश की लीला.
निकल गया वह जो भी था उसे मिला?
जब तक यह सत्य होता उदित.
कोई था ही नहीं यहां, प्रकृति होती ही रही व्यथित.
शेष है कहीं-कहीं वे अक्षर .
कोई जानता नहीं ,बस फिर भी गए हैं केवल वे ही, वही
ठहर.
क्या पता कल कोई उन्हें जान ले.
अपने जीवन में भी उनका कुछ भी ढल ले.

बंजर सी पड़ी धरती हरियाली कुछ आ जाए.

जीवन तब उस ओर मूड़ आए .

यहां फल फूल रही है एक आशा.

नहीं देखनी अब किसी को युद्ध के बाद की निराशा.

जीवन युद्ध के बाद भी कब प्रस्फुटित नहीं है हुआ?

क्या हुआ यदि उसने हर बार हमारे जीवन को है छुआ?

विमुख चाहे नहीं कर सका

फिर भी हारा कहां ,और नहीं कभी रुका?

संघर्षों में कब रहा नहीं साथी?

लड़ता और भीतर भीतर ही रहा है भी प्रार्थी.

पता चला कब वह बदला?

कुछ भी कब नहीं जीवन में ढला ?

कई बार अचल कहता ,रहा भी वह खड़ा.

फिर भी कुछ भी कर मुझे उसे ढ़ोना भी पड़ा.

निकल ही आये .

चाहे हम तब कुछ भी नहीं कह पाये.

आभास ले नहीं कभी जीये.

यह है, यही है सत्य ,यही ले हम उसे पीये.

संघर्षों से बचने कभी नाम नहीं बदला.

बस सत्य ही जीया और सत्य को ही पाला.

,वह बार-बार करता रहा मुझ पर हमला.

उसके हर हमले को किया नाकाम , चाहे में कितना भी जला,